W0217079

Inhaltsverzeichnis

Vorherige Doppelseite: Die Palau-Inseln locken mit einer ursprünglichen Natur und noch unentdeckten Gebieten. Sie gehören zu Mikronesien, das mehr als 2000 tropische Eilande umfasst.
Rechts: Leuchttürme, hier am Ostellenbogen, Dünenlandschaften und Strand prägen Sylt. Sie ist nicht nur einfach eine Insel, sondern auch ein Lebensgefühl. An den 40 Kilometer langen Sandstränden, in den teilweise bis zu 30 Meter hohen Dünen, hinter den grünen Deichen und in den zwölf schönen Orten lässt man es sich gut gehen.

Inhaltsverzeichnis

Eisschollen treiben in der rauen See des Südatlantiks um Südgeorgien. Die Hauptinsel ist gebirgig, ihre Landschaft schroff, zerklüftet und von Eis bedeckt. Mehr als 150 Gletscher bestimmen das Bild Südgeorgiens.

Die 13 Kilometer lange kurvige Straße von Pollença zum Cap Formentor auf der Peninsula de Formentor auf Mallorca überrascht immer wieder mit neuen wunderschönen Ausblicken. Die Nordostküste Formentors mit der kleinen vorgelagerten Insel Es Colomer präsentiert sich im Abendlicht von der Aussichtsplattform Mirador Es Colomer besonders malerisch.

ISLAND

Lage: südlich des Polarkreises im Nordatlantik
Beste Reisezeit: Juni–September
http://i.ja.is

Island, mit 103 000 Quadratkilometern der zweitgrößte Inselstaat Europas und zugleich die größte Vulkaninsel der Welt, liegt knapp südlich des Polarkreises im Nordatlantik. Weite Teile des wüstenhaften Hochlands im Inselinneren sind unbewohnt, die Siedlungen konzentrieren sich entlang der Küste. Über ein Drittel der 318 000 Einwohner lebt in der Hauptstadt Reykjavík im Westen. Die Insel ist gebirgig, die Durchschnittshöhe liegt etwa bei 500 Metern. Island wird nicht umsonst auch die Insel aus Feuer und Eis genannt: Viele der aktivsten und gefährlichsten Vulkane der Insel verbergen sich unter mächtigen Inlandeisschilden. Nördlich des Vatnajökull liegt Islands größtes zusammenhängendes Lavafeld – die etwa 4500 Quadratkilometer große Ódádahraun, die »Wüste der Missetäter«. Die Insel hat bei einer Breite von rund 500 Kilometern und einer Nord-Süd-Erstreckung von rund 300 Kilometern eine etwa 4970 Kilometer lange Küstenlinie: Grund dafür sind die unzähligen Fjorde und Buchten, die die West-, Nord- und Ostküste zerschneiden. Die Nordwestspitze ist beinahe schon eine eigene Insel und besitzt nur noch eine relativ schmale Verbindung zur Hauptinsel.

Entlang der Südwest- und Nordostküste strömt der kalte Grönlandstrom, an der Südküste der relativ warme Irmingerstrom, der dort für ein vergleichsweise mildes Klima sorgt. Das isländische Klima ist für die hohe Breitenlage überraschend mild: Dank des Golfstroms liegt die winterliche Durchschnittstemperatur bei null bis drei Grad Celsius, die Sommertemperatur bei zwölf bis 15 Grad Celsius. Die Niederschläge fallen jedoch regional sehr unterschiedlich aus: Etwa 2000 Millimeter sind es im Süden, etwa 4000 Millimeter am Vatnajökull (isländisch: »Wassergletscher«). Er ist das erste große orografische Hindernis für die über das Meer kommenden Wolken und zwingt diese zum Aufsteigen und Abregnen. Der im Südosten der Insel gelegene Gletscher ist der größte der Insel und nimmt acht Prozent der Landesfläche ein. Unter seiner 1000 Meter mächtigen Eiskappe liegen gleich mehrere Vulkane, unter anderem der Grímsvötn, der Bárdarbunga und der Hvannadalshnúkur (2110 m), zugleich die höchste Erhebung Islands. Die beiden erstgenannten Vulkane zählen zu den aktivsten Islands. Bei Ausbrüchen können die Gletscherseen überlaufen und sich in die riesiege Schwemmlandebene an der Küste ergießen.

Ursprüngliche Landschaften, wie hier die Kirkjufellberge nahe Grundarfjördur, prägen Island.

SPITZBERGEN

Lage: Inselgruppe im Nordatlantik und Arktischen Ozean
Beste Reisezeit: Mai–August
www.svalbard.net

Im Jahr 1194 landeten Wikinger auf einer Inselgruppe, die sie »Svalbard« (»kalte Küste«) nannten. Diesen Namen trägt das aus zehn größeren und ungezählten kleineren Inseln bestehende norwegische Verwaltungsgebiet rund 600 Kilometer nördlich des Festlands. 36 502 Quadratkilometer des insgesamt 61 022 Quadratkilometer großen Archipels sind von Gletschern bedeckt, Hauptort und Sitz des Gouverneurs ist Longyearbyen auf Spitzbergen, der größten (37 673 Quadratkilometer) und einzigen ständig bewohnten Insel. Nomen est omen: Tatsächlich gaben »spitze Berge« den Ausschlag, dass der holländische Seefahrer Willem Barents, der sich im Jahr 1594 von Amsterdam aus mit zwei Schiffen auf den Weg gemacht hatte, um eine nordöstliche Durchfahrt nach China zu finden, drei Jahre später, 1597, die Hauptinsel dieser Inselgruppe im Nordpolarmeer »Spitzbergen« nannte. Der enge Liefdefjord mit dem Monacogletscher im Nordwesten von Svalbard gilt als ein Geheimtipp für Reisende: Von dem Monacogletscher kalben regelmäßig große Mengen Eis in die See, und die umliegende Tundra wird häufig von Polarbären besucht.

Der mit dem Braunbären eng verwandte Eisbär (großes Bild) hat sich erst vor etwa 50 000 Jahren auf die nordpolaren Küsten und Treibeisränder spezialisiert. Die fast weiße Farbe des extrem dichten Fells, von dem das Wasser abperlt, lässt die exzellenten Schwimmer und Taucher optisch oft mit der Landschaft verschmelzen. Kleine Bilder von oben: Lilliehöökgletscher; junger Polarfuchs; Weißwangengänse.

LOFOTEN

Lage: norwegische Inselgruppe nördlich des Polarkreises
Beste Reisezeit: April–September
www.visitnorway.com

»Inseln der Götter« nannten die Wikinger dieses Archipel, wegen der teilweise über 1000 Meter hohen Berge, die senkrecht aus dem Meer emporragen und deren schroff und eigentümlich geformte Gipfel die Fantasie beflügelten. Die Inseln reihen sich so dicht aneinander, dass ihre Berge aus der Ferne betrachtet als ein einziger Bergkamm erscheinen. Neben Bergen, Trogtälern und Fjorden verfügen manche der Inseln sogar über weiße Sandstrände, die im Sommer, wenn die Temperaturen durchaus auch über 25 Grad Celsius steigen können, zum Baden einladen. Außerdem sind die Hauptinseln von Schären umgeben; es handelt sich hierbei um Felsen, die von Gletschern der Eiszeiten rund geschliffen wurden (Rundhöcker). Manche von ihnen ragen wenige Meter aus dem Wasser. Auf einigen der Inseln finden sich in Ufernähe Sümpfe, kleinere Seen, Wiesen und Felder.
Auf Austvågøy, der größten Lofoteninsel, erhebt sich der Higravstindern: Er ist mit 1161 Metern der höchste Berg des Archipels und liegt unweit des zwei Kilometer langen, teilweise knapp 100 Meter breiten Trollfjords, der von mehrere hundert Meter hohen Felswänden flankiert wird. Auf Vestvågøy erstreckt sich im Inselinneren ein von Bergen umgebenes Tal, in dem die größte Agrarfläche der Lofoten liegt. Zwischen Moskenesøy und der Insel Mosken fließt der gefürchtete Moskenesstraumen, ein Strudelsystem, das wegen seiner großen Strömungsgeschwindigkeit (um zehn Knoten) für kleinere Boote eine große Gefahr sein kann.

Sonnenuntergang auf den Lofoten – ein eher seltener Anblick.

TJÖRN

Lage: vor der Westküste Schwedens
Beste Reisezeit: Juli/August
www.visitsweden.com

Die Insel ist 167,3 Quadratkilometer groß und damit die sechstgrößte Schwedens. Die Tjörnbron, eine 664 Meter lange und 15 Meter breite Brücke, verbindet Tjörn mit dem Festland. Sie hat eine Durchfahrtshöhe von über 40 Metern, damit auch große Schiffe darunter durchfahren können. Der Sommer ist zweifellos die schönste Jahreszeit, denn es kann bis zu 26 Grad warm werden. Allerdings kommen zu dieser Zeit auch viele Touristen auf die Insel, und die meisten segeln gleich mit dem eigenen Boot nach Tjörn. Der Hafen von Skärhamn ist dann die Heimat unzähliger Schiffchen und Jachten, und die sonst so stillen Fischerdörfer verwandeln sich in quirlige Urlaubsorte mit kulinarischen und kulturellen Angeboten. Sehenswert: »Tjörn runt« – Schwedens größte Regatta. Jedes Jahr Ende August fahren dabei mehr als 1000 Boote um Tjörn herum.

Die Insellandschaft von Tjörn hat ihren ganz eigenen Reiz: Es scheint, als könne man im Meer von Felsen zu Felsen hüpfen, so dicht liegen die kleinen Eilande vor der Küste. Schmale Brücken verbinden einige miteinander, sodass Spaziergänger von verschiedenen Aussichtspunkten auf Tjörn blicken können.

GOTSKA SANDÖN

Lage: 30 Kilometer nördlich der Insel Gotland
Beste Reisezeit: Juni–August

Oft toben Stürme über das kleine Eiland, die ständig das Aussehen der Küste verändern. Sand wird bis zu den Bäumen geweht, bildet kleine Hügel und Wanderdünen am Waldrand. Die tosende Brandung reißt winzige Buchten in den Strand. Dies ist ein Nationalpark, von Wind und Wetter geprägt, um den sich spannende Seeräubergeschichten ranken. Robben haben an der Nordseite der Insel ihr eigenes, geschütztes Refugium – sie zu beobachten ist nur von einem abgelegenen Aussichtspunkt erlaubt, um die Kolonien nicht zu stören. Gotska Sandön ist auch deshalb ein kleines Paradies, weil es keinen Hafen hat. Obwohl die Insel bewohnt ist, können Besucher nur vom Strand in der Nähe des Leuchtturms aus den Naturpark betreten. Früher war Gotska Sandön der Legende nach ein Rückzugsort für Piraten und Robbenjäger. Heute ist es ein Naturidyll wie aus dem Bilderbuch.

Sonnenstrahlen lassen sich in dem lichten Kiefernwald beinahe einzeln zählen. Die weiten Kiefernwälder besiedeln die Dünen und vor ihnen erstreckt sich ein karger, weiter Strand. Gotska Sandön ist nur acht Kilometer lang und fünf Kilometer breit – und zählt zu den abgeschiedensten Inselchen in der Ostsee.

GOTLAND

Lage: Südost-Schweden
Beste Reisezeit: April–Oktober
www.gotland.info

Für den Ort an der Nordwestküste der Insel Gotland lässt sich bereits eine steinzeitliche Besiedlung nachweisen. Deutschen Kaufleuten diente Visby im 12. Jahrhundert zunächst als Zwischenstation für den äußerst lukrativen Handel mit Nowgorod und schon bald als Ausgangspunkt für die Erweiterung des hanseatischen Städtebunds nach Osten: Von hier aus wurden die baltischen Städte Riga, Reval, Danzig und Dorpat eingenommen. Im 13. Jahrhundert galt Visby neben Lübeck als die wohl wichtigste Handelsstadt im Norden des europäischen Kontinents: Eigene Münzen wurden geprägt, und man einigte sich hier auf ein internationales Seerecht, das für den ganzen Ost-

ÖLAND

Lage: Süd-Schweden
Beste Reisezeit: April–Oktober
www.olandsturist.se

Im Westen besitzt die nach Gotland zweitgrößte Insel Schwedens eine zerklüftete Steilküste, im Osten senkt sich der Landrücken sanft zum Meer hinab. Im Süden kann nur im Ostteil, wo Moränenboden anzutreffen ist, Ackerbau betrieben werden. Ansonsten beherrschen Sandstein, Schiefer und Kalkstein das Plateau Süd-Öland. Im Gebiet der Stora Alvaret, einer 40 Kilometer langen, baumlosen Kalkheide, die durch die Jahrhunderte währende Überweidung und Abholzung ihr heutiges Aussehen erhalten hat, tritt stellenweise der nackte Kalkstein hervor. Trotz der schwierigen topografischen Bedingungen und der klimatischen Umstände haben sich seit mindestens 5000 Jahren

seeraum bindende Wirkung hatte. Mit der Eroberung Gotlands durch den dänischen König Waldemar IV. kam bereits 1361 das Ende dieser kurzen Blütezeit.
Heute zeugen noch die bis zu neun Meter hohen Wallanlagen vom einstigen Reichtum der Stadt. Die zahlreichen Kaufmannshäuser aus dem 12. und 13. Jahrhundert in den engen mittelalterlichen Gassen begründen den Ruf Visbys als eine der am besten erhaltenen Hansestädte in Europa. Heute leben auf der 3140 Quadratkilometer großen Insel Gotland etwa 57 000 Einwohner. Landschaftlich ist die Insel von Unterschieden geprägt; im Westen ist Gotland steil und felsig, im Osten dagegen flach. Der Norden ist karg, und im Süden findet sich eine recht üppige Vegetation.

Die Stadtmauer von Visby ist über drei Kilometer lang und wird von 38 Wachtürmen gekrönt.

Menschen auf Süd-Öland behauptet. Südlich des Mysinge hög, des größten Grabhügels aus der Bronzezeit, befindet sich ein Ganggrab, in dem vor 4000 Jahren 30 Menschen bestattet wurden. Zahlreiche Gräberfelder aus der Eisenzeit und mehrere Fluchtburgen aus der Zeit der Völkerwanderung lassen auf eine dauerhafte Besiedlung schließen. Im Jahr 2000 wurde die Agrarlandschaft von Süd-Öland zum Welterbe ernannt. Dieser Teil der Ostseeinsel bezeugt auf einzigartige Weise die Anpassung des Menschen an extreme Bedingungen. Der Ackerboden verläuft hier nirgends direkt zum Strand, sondern wird von »Strandwiesen« begrenzt. Auf diesen weiten Flächen ließen die Bewohner über Jahrtausende hinweg das Vieh weiden.

Auf eine prähistorische Besiedlung verweisen die großen Steine, die einst vermutlich Gräber markierten.

ÅLANDINSELN

Lage: Archipel zwischen Finnland und Schweden am Eingang zum Bottnischen Meerbusen
Beste Reisezeit: Juli und August sind mit etwa 15 Grad Celsius die wärmsten Monate
www.visitaland.com

Städte? Fehlanzeige. Nur eine einzige größere Ortschaft gibt es auf Åland, sie heißt Mariehamn und thront auf der Hauptinsel Fasta Åland. Einst unter russischer Herrschaft auf einer Landzunge gegründet und errichtet, reckt sie sich zwischen zwei Buchten ins Meer hinein – rechts und links von Häfen bewacht in denen sogar große Fährschiffe aus Stockholm, Helsinki oder Tallinn anlegen.

So klein Åland auch ist, so bewegt ist seine Vergangenheit: Im Hochmittelalter gehörte es zu Schweden, im 18. Jahrhundert besetzten Russen den Archipel. 1809 fielen Åland und Finnland ans Russische Zarenreich, was sich erst 1917 mit der Februarrevolution wieder änderte. Beide erklärten danach ihre Unabhängigkeit, die Inselgruppe wollte zunächst wieder zu Schweden gehören. Doch Åland blieb Teil der Republik Finnland, erreichte aber 1922 sein Selbstverwaltungsrecht. Die Amtssprache ist bis heute Schwedisch geblieben.
Wer dorthin reist, will vor allem die ursprüngliche Natur entdecken. Ob bei einer Wanderung durch die Wälder oder per Boot – Ruhe liegt über

dem Archipel, dessen Wasserflächen das Sonnenlicht silbrig spiegeln. Am besten kann man mit einem Kanu oder Kajak hindurchgleiten, um die Atmosphäre der Schärenlandschaft zu genießen. Es geht vorbei an Klippen und steinigen Ufern, manche Felsen liegen wie flache Plateaus da, andere sind mit Gräsern und Büschen bewachsen. Auch seltene Orchideen, die zu den geschützten Arten zählen, wachsen wild. Rehe, Hirsche und mit etwas Glück auch Seeadler lassen sich beobachten – die Inseln sind Brutgebiete von mehr als 130 Vogelarten.

Ein weiteres typisches Bild auf Åland ist der rötliche Rapakivigranit, der übersetzt eigentlich »Bröckelstein« bedeutet. Dennoch ist er weltweit als Dekorationselement gefragt und lässt Rückschlüsse auf das Alter der Inseln zu: Der Archipel ist demnach rund 1,6 Milliarden Jahre alt.

Von der einen Insel zu sprechen ist auf dem Ålandarchipel gar nicht möglich. Zergliedert und zerklüftet liegt die Inselwelt zwischen Schweden und Finnland. Felsig und bewaldet, grau und grün tauchen die Landstückchen aus der See auf. Rund 90 Prozent der Gesamtfläche des 13 517 Quadratkilometer großen Archipels liegen im Meer. Die meisten von ihnen sind völlig unberührte Naturidylle, denn nur 65 von insgesamt 6500 Eilanden sind bewohnt.

Estland

KIHNU

Lage: im Rigaischen Meerbusen
Beste Reisezeit: Hochsommer, aber auch Winter, wenn die See zugefroren ist
www.visitestonia.com

Bekannt ist das Eiland vor allem wegen seines gelebten Brauchtums, weshalb es seit dem Jahr 2003 zum Weltkulturerbe der UNESCO gehört. Die Bräuche haben eine lange Tradition, die sich in Tänzen, Gesang aber auch in der Sprache erhalten hat. Der eigentümliche Dialekt wird nur hier von den rund 600 Einwohnern gesprochen. Die einheimischen Frauen tragen auch heute noch jeden Tag ihre bunte Tracht, die aus gestreiften Wollröcken, Schürzen und bestickten Blusen besteht. Tradiert werden natürlich auch Geschichten aus längst vergangenen Zeiten. Zum Beispiel über Kapitän Enn Uuetoa, genannt »Kihnu Jõnn«:

RUHNU

Lage: südlichste Insel Estlands, liegt näher an Lettland
Beste Reisezeit: Mai bis Mitte September, »Weiße Nächte« von Mai bis Ende Juli
www.visitestonia.com

Das Fleckchen Land zählt rund 60 Bewohner, die vor allem eins ausstrahlen: Gelassenheit. Kein Wunder, Lärm oder Hektik scheint es hier nicht zu geben. Einheimische wie Gäste fahren meist mit dem Rad oder gehen zu Fuß über die zwölf Quadratkilometer kleine Insel. Boote und Jachten schaukeln im Hafen auf den sanften Wellen, an Bord genießen Segler den Sonnenuntergang über dem Meer. Neben dieser entspannten Inselidylle hat Ruhnu zwei Sehenswürdigkeiten zu bieten: die 1644 erbaute Magdalenen-Holzkirche, eines der ältesten Holzbauwerke Estlands mit aufwendigen

An seinem Grab erzählen sich die Menschen, wie er einst mit seinem Schiff »Rock City« über die Weltmeere gesegelt ist. Junge Leute verlassen jedoch zunehmend das Inselchen, um auf dem Festland Arbeit zu suchen. Der aufkeimende Tourismus verschafft wenigen Menschen eine berufliche Perspektive auf der Insel. Zwischen dem estnischen Festland besteht eine Fährverbindung vom Seebad Pärnu und von Munalaid; im Winter, wenn die Schiffsverbindung eingestellt ist, wird manchmal mit dem Auto übers Eis gefahren.

Strand oder Wiese? Beides! An der flachen, steinigen Küste wechseln sich Sand und saftige Grasbüschel ab. Ideal zum Baden, aber auch, um den Fischern in ihren kleinen Booten zuzuschauen oder um Seehunde zu beobachten. Außerdem locken Kiefernwälder und Wacholderhaine – Natur pur auf der kleinen Insel.

Schnitzereien. Darüber hinaus steht auf der Insel ein metallener Leuchtturm, der auf ein Projekt des Ingenieurs Gustave Eiffels zurückgeht und im Jahr 1877 auf einem Hügel errichtet wurde. Die Einzelteile stammen aus dem französischen Le Havre. Zum Ende des Zarenreiches kam es mittels Erlasses dazu, dass die Bewohner sich zu entscheiden hatten, ob sie zu Lettland oder Estland gehören wollten. Per Bürgerabstimmung entschied man sich damals für Estland.

Ruhnu wird »Perle des Baltikums« genannt – einerseits, weil die Insel so klein und idyllisch ist, andererseits weil sie Ruhe bietet. Sie liegt in der Rigaer Bucht, 70 Kilometer entfernt von Estland, aber in nur 37 Kilometer Entfernung zu Lettland. Von dort kam im Frühjahr 2006 ein Braunbär – er saß auf einer Eisscholle, die vom Festland hierher trieb.

GRÖNLAND

Lage: zwischen Baffin Bay und Grönlandsee im Nordatlantik
Beste Reisezeit: Juni–August
www.groenland.tourismus.de

Grönland ist die größte Insel der Erde. Sie ist ungefähr 2650 Kilometer lang, hat eine maximale Breite von etwa 1000 Kilometern und eine Fläche von 2 166 086 Quadratkilometern. Der dicke Eispanzer mit einer maximalen Mächtigkeit von bis zu über 3000 Meter Höhe, der rund 80 Prozent der Fläche Grönlands bedeckt, ist ein Relikt der letzten Eiszeit. Die Küsten im Süden und Südwesten sind weitgehend eisfrei. In dem vorherrschenden subpolaren bis polaren Klima leben Eisbären, Rentiere, Moschusochsen und über 200 Vogelarten. Bäume gibt es nur in einem sehr kleinen Randgebiet im äußersten Süden. Tundrenvegetation bedeckt ansonsten die nicht vereisten Küstenabschnitte. Gewaltige Gletscher, die bis zum Meer reichen und an der Küste mit großen Bruchstücken kalben, sind in Grönland vielerorts zu beobachten. Als Eisberge driften diese Bruchstücke der Gletscher durch die Buchten auf das offene Meer hinaus.

Viele Grönlandreisende steuern per Schiff die Diskobucht ca. 300 Kilometer nördlich des Polarkreises an. Die Passagiere werden von einer arktischen Bilderbuchlandschaft erwartet. Das Meer hier ist übersät von Eisplatten, die aus dem Ilulissat-Eisfjord in die Bucht treiben. Sie stammen von der Abbruchkante des Gletschers Sermeq Kujalleq 40 Kilometer weiter landeinwärts. An der Mündung des Fjords sorgt eine Unterwassermoräne dafür, dass sich die Ungetüme oft lange stauen und eine einzige riesige Eiswand bilden. Erst wenn sie auseinanderbrechen, treiben sie ins Meer.

Gletscher, die sich zwischen den Felsen bis an die Küste schieben.

FÄRÖER

Lage: zwischen Schottland, Island und Norwegen
Beste Reisezeit: Mai–Juli
www.visitfaroeislands.com
www.faroeislands.com

Mitten im Nordatlantik ragen zerklüftete Felsen fast senkrecht aus dem Wasser. Manche so klein und spitz, dass gerade einmal eine Möwe rasten kann, andere bieten ganzen Vogelkolonien Platz. Auf 17 der 18 Färöerinseln wohnen die Färinger. Die etwa 48 000 Insulaner gehören offiziell als »gleichberechtigte Nation« zum Königreich Dänemark, aber die Nachfahren der Wikinger sehen sich selbst als unabhängig an. Bei gutem Wetter ist der Blick von Kalsoy auf die Nachbarinseln fantastisch: Tief unten glitzert das Meer verführerisch blau, im Schein der Sonne leuchtet das Gestein der gewaltigen Klippen gelb, orange und zartrosa und das Gras giftgrün. Das Licht und die Farben machen die »Schafsinseln« zu magischen Orten. Das westlichste Eiland der Färöer ist auch ein Paradies für Sturmschwalben, Trottellummen und viele andere Seevögel. Nur im Sommer leben Menschen auf der einsamen Vogelinsel.

Ohne Leuchttürme hätten Schiffe in diesen sturmumtosten und von Klippen gespickten Gewässern keine Chance auf sichere Durchfahrt. Ganz im Norden der Insel Kalsoy (großes Bild) trotzt das kompakte Leuchtfeuer von Kallur den Naturgewalten. Kleine Bilder von oben: Es gibt auch flache Stellen mit kleinen, geschützten Buchten; die Papageitaucher hingegen bevorzugen steil abfallende Hänge wie auf Mykines. Dauerhaft ist der Ort Vágur auf Suduroy im Süden des Archipels besiedelt. Dicht schmiegen sich die bunten Häuschen in der sanft ansteigenden Ebene aneinander.

FÜNEN

Lage: zwischen Jütland und Seeland
Beste Reisezeit: Juni–August
www.visitdenmark.com
www.visitfyn.com

Im Süden schlägt das maritime Herz des knapp 3000 Quadratkilometer großen Eilands. In Svendborg mit seinen verwinkelten Gassen hat Seefahrt seit jeher Tradition. In den Werften werden Schiffe gebaut, Seeleute besuchen die Marineschule, und im Hafen schaukeln moderne Jachten neben Oldtimern wie der »MS Helge«. Die schmucke Fähre tuckert zum Valdemars Slot auf Tåsinge und zurück – ein Ausflug, der auf jeden Fall eingeplant werden sollte. Westlich von Tåsinge beginnt die »Dänische Südsee«: kleine Inseln in türkisfarbenem Wasser. Ein Wanderweg führt zu sanft ansteigenden Hügeln, die stolz »Fünische Alpen« genannt werden. Mitten auf der Insel liegt Odense. Herausgeputzte alte Fachwerkhäuser beherbergen kleine Boutiquen, moderne Cafés und urige Restaurants. Immer präsent ist der große Sohn der Stadt, Märchendichter Hans Christian Andersen, der hier 1805 geboren wurde. Im Sommer ist Fünen ein großer Obstgarten. Erdbeeren, Himbeeren, Kirschen und Äpfel warten in Körben am Straßenrand auf Naschkatzen; und mit dem Proviant geht es zu einem der Strände, am Großen oder am kleinen Belt. Am Wasser schmeckt ein Picknick einfach am besten.

Niemand würde sich wundern, wenn Rapunzel ihr Haar aus einem Turmfenster von Egeskov Slot herunterließe. Das Wasserschloss bei Kværndrup ist für Besucher geöffnet. Könige, Adelige und andere Betuchte hatten schon früh ihre Liebe zu Fünen entdeckt und auf der gesamten Insel Schlösser und Herrenhäuser errichtet.

BORNHOLM

Lage: Ostseeinsel 150 Kilometer südöstlich von Kopenhagen, 80 Kilometer nordöstlich von Rügen
Beste Reisezeit: Juni–September
www.bornholm.de

Rund 40 Kilometer vor der südschwedischen Küste – fernab vom dänischen Festland – liegt die Insel Bornholm. Fährschiffe verkehren ab Kopenhagen und dem schwedischen Ystad zur Insel, die wegen ihres fast südländischen Klimas bei Sommerurlaubern sehr beliebt ist. Die Insel ist ein 600 Quadratkilometer großes »Skandinavien en miniature« mit endlos langen Sandstränden, Seen und Mooren, Laub- und Nadelwäldern, Heideflächen und Dünengürteln und somit fast allen Landschaftstypen Skandinaviens und einem für Dänemark einmaligen felsigen Untergrund.
Zahlreich sind die Zeugnisse der Vorzeit. Rønne ist die größte Stadt auf der Insel. Hier sind viele der alten Häuser, darunter auch schöne Fachwerkbauten, erhalten. Typisch für die malerischen Küstendörfer sind die weiß getünchten Heringsräuchereien. Das bezaubernde Licht der vor der Südostspitze Schwedens gelegenen Insel zog schon im 19. Jahrhundert zahlreiche Künstler an. Das hat sich bis heute nicht geändert – im Verhältnis zu ihrer Einwohnerzahl weist die Insel die höchste Dichte an Künstlern und Kunsthandwerkern in ganz Europa auf. Wie von Malerhand geschaffen wirken auch die Küstenlandschaften: im Süden weiße Sandstrände, die Nordküste steil und zerklüftet.

Ein besonderes Erlebnis ist ein Besuch der Backsteinburg Hammershus (um 1260), der größten und schönsten Ruine von Dänemark, die malerisch und zugleich fast unheimlich auf einem Granitfelsen thront. Sie war lange Zeit im Besitz der Erzbischöfe.

SHETLAND-INSELN

Lage: nördlichste Inseln Großbritanniens
Beste Reisezeit: Juni–August, da relativ warm und regenarm
http://visit.shetland.org

Selbst an windstillen Tagen krachen die langen Atlantikwellen gegen die Klippen der Shetlandinseln. Bei Sturm ergeben das Klatschen und Gurgeln der Brecher zusammen mit dem Geheul des Windes ein ohrenbetäubendes Konzert. Im Frühsommer herrscht reges Treiben, dann brüten Papageitaucher und viele andere Seevögel auf den Felsen. Die Sonne geht nur für wenige Stunden unter, weshalb die Shetlands auch »Inseln der Mitternachtssonne« heißen. Wilde Orchideen, Nelken und Erika blühen um die Wette. Zwar liegen die Shetlandinseln auf gleicher Höhe wie der Südzipfel Grönlands oder der Golf von Alaska, aber es ist nicht eiskalt. Der Golfstrom sorgt für relativ mildes Klima. Lediglich 15 von den 100 Inseln, die auf einer Fläche von etwa 80 mal 120 Kilometern im Nordatlantik verstreut liegen, sind bewohnt. Brochs, ringförmige Festungen aus der Bronzezeit, sind Zeugnis, dass die Shetlands schon in vorchristlicher Zeit besiedelt waren. Deutlich zu spüren ist der Einfluss der Wikinger, die ab dem 9. Jahrhundert die Inseln eroberten. Mit den tiefen Fjorden erinnert sogar die Landschaft an Norwegen. In der Sprache gibt es viele skandinavische Begriffe, und die Menschen werden immer wieder im Januar zu Wikingern, wenn sie das stimmungsvolle Lichterfest »Up Helly Aa« feiern.

Gischt fegt über die rund 400 Meter hohen Klippen der Nordwestküste der Hauptinsel Mainland. Tapfer hält Leuchtturm Eshaness die Stellung und schickt seinen Lichtstrahl über das Meer.

ORKNEY-INSELN

Lage: im Norden vor der schottischen Küste
Beste Reisezeit: Mai–September
www.visitorkney.com

Auf Mainland – der Hauptinsel der Orkneyinseln – finden sich viele Zeugnisse der ausgehenden Jungsteinzeit. Sie dokumentieren die kulturellen Leistungen der nordeuropäischen Völker im Zeitraum von 3000 bis 2000 v. Chr. Zu den faszinierendsten Monumenten zählt das große Kammergrab Maes Howe aus der Zeit um 2500 v. Chr. mit einem Durchmesser von mehr als 30 Metern. Auch die Überreste des Steinkreises von Stenness stammen aus vorgeschichtlicher Zeit. Nicht weit davon entfernt liegt der Ring of Brodgar. Hier stehen in einem Kreis von ungefähr 100 Meter Durchmesser Steine mit einer Höhe von bis zu viereinhalb Metern. Besonders eindrucksvoll ist die Steinzeitsiedlung Skara Brae, die erst vor etwa 150 Jahren durch einen Sturm freigelegt wurde. Sie gilt als die am besten erhaltene Siedlung der Jungsteinzeit in Europa.
Die von schottischen und skandinavischen Vorfahren abstammenden Einwohner auf der Isle of Hoy leben von Landwirtschaft, von der Fischerei und vom Tourismus. Nicht nur Felskletterer und Ornithologen sind von der höchsten Steilküste Großbritanniens (347 Meter) auf Hoy fasziniert. Die spektakuläre Landschaft und frühgeschichtliche Monumente begeistern die Besucher.

Großes Bild: Blick über Skara Brae die Siedlung aus dem Neolithikum. Bildleiste von oben: Sonnenuntergang an Orkneys Nordküste bei Brough Head; durch den Ring of Brodgar scheint nur an ganz bestimmten Tagen die Wintersonne durch; an der Westküste von Orkney liegt Yesnaby Castle.

ST. KILDA, HIRTA (ÄUSSERE HEBRIDEN)

Lage: vor der Westküste Schottlands
Beste Reisezeit: Mai, das ist der regenärmste Monat
www.visithebrides.com

Großbritanniens einsamster und abgelegenster Archipel, St. Kilda, ist ein paradiesischer Nistplatz mit der größten Tölpelpopulation der Erde. Der St.-Kilda-Archipel vulkanischen Ursprungs blieb während der letzten Eiszeit von Vergletscherung verschont und bewahrte sich so seine eigentümliche Landschaft. Die Inselgruppe »am Ende der Welt« umfasst Dùn, Soay, Boreray und die Insel Hirta, deren Bewohner 1930 umgesiedelt wurden. Die Inseln sind seitdem nicht mehr bewohnt, und die Natur ist sich selbst überlassen. Riesige Tölpelbestände fanden hier ein Refugium, und für den Basstölpel sind die Inseln einer der weltweit wichtigsten Brutplätze; auch Kolonien von Papageitauchern sind zu beobachten. Die Inseln waren trotz ihrer rauen klimatischen Bedingungen schon vor 2000 Jahren besiedelt. Die auffallendsten Bauten der Inseln sind die sogenannten Cleits: Auf Hirta wurden 1260 gezählt, auf den weiteren Inseln mehr als 170. Es handelt sich um kleine Bauten aus Steinmauern, die mit einer rasenbedeckten Platte überdacht waren. Sie dienten vorwiegend als Lagerräume für Eier, Federn und Torf. In der Neuzeit lebten die Menschen vor allem auf der Hauptinsel Hirta in Natursteinhäusern, die nach der Umsiedlung jedoch größtenteils verfallen sind.

Vor allem auf der Hauptinsel Hirta finden sich aus Naturstein gebaute Häuser, aber auch Cleits (Bildleiste, Mitte). Die Felsen sind ideale Nistplätze für Vögel (großes Bild).

LEWIS AND HARRIS (ÄUSSERE HEBRIDEN)

Lage: vor der Westküste Schottlands
Beste Reisezeit: Mai, das ist der regenärmste Monat
www.visithebrides.com

»Hand woven Harris Tweed« steht auf dem Gütesiegel des wohl bekanntesten Exportartikels der »Western Isles«: Bereits im Jahr 1909 wurde der Harris Tweed Association das heute noch verwendete Markenzeichen zuerkannt. Der feste Tuchstoff mit Echtheitsanspruch muss aus schottischer Wolle gemacht sein, auf den Äußeren Hebriden gesponnen und gefärbt und von den Inselbewohnern in Heimarbeit handgewebt werden. Auf der Insel Lewis and Harris wird dieses aufwendige Handwerk noch bis heute praktiziert.
Diese beiden Inselhälften sind durch eine Landenge miteinander verbunden und bilden so die größte – auch »Long Island« genannte – Insel der Western Isles. Lewis und Harris unterscheiden sich stark im Charakter ihrer Landschaft. Während auf Harris felsige Hügelketten, Fjorde und Buchten dominieren, ist Lewis von moorigem Heideland bedeckt. Vom Hauptort Stornoway fährt man nach Süd-Harris, das durch die herrlichen Sandstrände besticht. Die Felsmonolithe von Callanish auf der Insel Lewis bilden den wohl schönsten Steinkreis Schottlands. Exakt 47 der aufrecht stehenden Kultsteine (Menhire) kann man heute noch besichtigen. Zwischen den Jahren 3000 und 1500 v. Chr. wurden sie in verschiedenen Etappen von Menschenhand aufgestellt.

Bild oben: Blick über Uig Bay; darunter: Die aufrechten Steine von Callanish sind als »Sonnenkreuz« angeordnet.

SKYE (INNERE HEBRIDEN)

Lage: vor der Westküste Schottlands
Beste Reisezeit: Mai–September
www.skye.co.uk

Die grüne Insel heißt Isle of Skye, »Insel des Nebels«. Sie ist das mit 80 Kilometer Länge und 40 Kilometern Breite größte Eiland der Inneren Hebriden und liegt unmittelbar vor der Westküste Schottlands. Die Insel ist über die »Skye Road Bridge« mit dem Festland verbunden. Wer in der grünen, hügeligen Landschaft unterwegs ist, fühlt sich wie in der real gewordenen Kulisse des Films »Highlander«. Bei Wanderungen wähnt man Connor Mac Leod mit seinem Schwert auf einem der Berge – und er könnte dort auch tatsächlich gestanden haben. Der ursprünglich norwegische Clan der MacLeods hatte auf Skye die Macht. Im 12. Jahrhundert verloren sie in einer Schlacht gegen den Clan der MacDonals, der fortan die Highlands beherrschte. Auf der Halbinsel Sleat im Süden von Skye befand sich der Sitz dieses mächtigen schottischen Clans, der lange auch große Teile der Westküste Schottlands kontrollierte. Die Ruine der Burg ist noch übrig, daneben steht ein Besucherzentrum, das die Geschichte der »Lords oft the Isles« umfassend erzählt.

»The Old Man of Storr« heißt der nadelförmig etwa 50 Meter hoch in den Himmel ragende Fels (großes Bild). Er steht auf der Halbinsel Trotternish im Nordosten von Skye. Kilt Rock ist dort ein beliebter Aussichtspunkt (Bildleiste unten). Grün und wellig ist die Topografie, und die Cuillin Hills erstrecken sich als Bergmassive über die Insel Skye (Bildleiste Mitte, oben).

GUERNSEY (KANALINSELN)

Lage: im Ärmelkanal, vor der Westküste der Normandie
Beste Reisezeit: Mai–September
www.visitguernsey.com

Die Kanalinseln verbinden das Beste zweier Nationen: französisches Savoir-vivre gepaart mit britischer Eleganz und Gartenbaukunst. Die fünf Eilande liegen zwar nur einen Steinwurf von Frankreich entfernt, gehören aber zur britischen Krone. Guernsey ist mit 65 Quadratkilometern das zweitgrößte und ein echtes Schmuckstück. Rau, dramatisch und aufregend ist die Steilküste im Süden, wo große Wellen gegen die zerklüfteten Felsen krachen und sie mit weißen Gischtschleiern bedecken. Gut 45 Kilometer Klippenpfade durchziehen die Bergkette und bieten eine Panoramasicht aufs Meer. Der Norden und der Westen sind bedeutend sanfter und bestechen mit puderfeinen Sandstränden, zartrosafarbenen Felsen und sich im Wind neigendem Dünengras. Perfekter Kontrast ist das türkisfarbene Meer. Dank des Golfstroms herrscht mildes Klima, in dem sogar Bananenstauden, Palmen und andere Tropenpflanzen vor urenglischen Cottages gedeihen. Die Orte könnten auch Kulissen in einem Miss-Marple-Film sein.

Urban gibt sich die Hafenstadt St. Peter Port an der Ostküste. Im Abendlicht dümpeln die Schiffe an ihren Leinen.

SARK (KANALINSELN)

Lage: im Ärmelkanal, vor der Westküste der Normandie
Beste Reisezeit: Mai–September
www.sark.info
www.visitguernsey.com

Sark thront in gut 100 Meter Höhe erhaben auf einem Felsplateau. Das Eiland ist gerade einmal 5,5 Quadratkilometer groß, bietet Seglern jedoch ruhige und nette Ankerbuchten. Autos sind verboten, so schaukeln Besucher und Bewohner in Pferdekutschen über die Insel. Das altertümliche Fortbewegungsmittel passt hierher, denn Sark ist Europas letzter Feudalstaat, in dem der »Seigneur« das Sagen hat.

Die wohl schönste Bucht ist Dixcart Bay an der Südküste. Selbst bei Nordwind kann man hier einen Tag am Strand verbringen.

JERSEY (KANALINSELN)

Lage: im Ärmelkanal, vor der Westküste der Normandie
Beste Reisezeit: Mai–September
www.jersey.com

Wer einmal auf Jersey war, will nie wieder weg. Kein Wunder, dass die Regierung den Zuzug reglementiert. Die mit 118 Quadratkilometern größte Kanalinsel bietet alles, was das Herz begehrt: einsame Strände, dramatische Klippenformationen und Großstadtflair. Die Gezeiten verändern das Gesicht der Insel: Sandflächen tauchen aus den Fluten auf, um nur wenige Stunden später wieder in ihnen zu versinken.

Besonders schön ist ein Spaziergang bei Ebbe zum weißen Leuchtturm La Corbière, der markant und malerisch auf roten Granitfelsen mitten im Meer steht.

IRLAND

Lage: Britische Insel im Atlantik
Beste Reisezeit: Mai–September
www.discoverireland.ie

»Eine Tasse Tee, so bei Sonnenaufgang, wenn man fröstelnd im Westwind steht, während die Insel der Heiligen sich noch im Morgendunst vor der Sonne verbarg ..., vor mehr als tausend Jahren lag hier, so weit außerhalb der Mitte, als ein Exzentrikum, tief in den Atlantik hineingerutscht, Europas glühendes Herz...«. Es mangelt nicht an Liebeserklärungen von Reisenden, die wie Heinrich Böll in seinem »Irischen Tagebuch« ins Schwärmen geraten. Wer schon einmal dort war, für den ist Irland ein Sehnsuchtsort, eine Seelenlandschaft, die nicht bloß »besucht«, sondern mit allen Sinnen erlebt werden will: die Weite der grünen Landstriche, das besondere irische Licht und die teils felsigen Küsten, die verwunschenen Orte der irischen Mythologie, die geheimnisvollen Überreste vergangener Zeiten, mit denen dramatische Geschichten verbunden sind, die selbstbewusste Individualität der Bevölkerung. Letztere klingt auch an in den Worten von Bölls in Dublin geborenem Literaturnobelpreiskollegen George Bernard Shaw: »Wenn ich sage, dass ich ein Irländer bin, so meine ich damit, dass ich in Irland geboren bin und dass meine Muttersprache das Englisch Swifts ist und nicht der unaussprechbare Jargon der Londoner

Zeitungen aus der Mitte des neunzehnten Jahrhunderts ... England kann heute ohne seine Iren und Schotten nicht fertig werden, weil es ohne wenigstens ein Quentchen gesunden Menschenverstandes nicht fertig werden kann.«
Wer »die« Iren kennenlernen will, der besucht am besten einen Pub. Da trifft es sich gut, dass das erste Wort, das die meisten Reisenden in der alten Landessprache, dem Gälischen, lernen, das Wort »Fáilte« ist: »Willkommen«. So eingestimmt, macht man sich gern auf den Weg, die grüne Insel zu erkunden.
Als nach den Unabhängigkeitskriegen im Jahr 1921 der Irische Freistaat eingerichtet wurde, verblieben sechs Grafschaften der Provinz Ulster bei Großbritannien. Damit sicherte sich das Königreich seinen Anspruch auf den dichtestbesiedelten, am höchsten industrialisierten Teil der Insel und schuf die Grundlage für den Nordirland-Konflikt, der am 30. Januar 1972 im »Bloody Sunday« kulminierte, an dem die britische Armee 13 irische Demonstranten erschoss. Das »Karfreitagsabkommen« (1998) zwischen Briten und Iren räumte den Nordiren autonome Rechte ein; heute scheinen die Zeichen auf Frieden zu stehen.

Wie eine von Menschenhand erbaute riesige Treppe wirken die sechseckigen Basaltsäulen des Giant's Causeway. Einigen Formationen wurden Namen gegeben.

TERSCHELLING (WESTFRIESISCHE INSELN)

Lage: zweitgrößte der Westfriesischen Inseln vor der niederländischen Küste
Beste Reisezeit: Frühling bis Herbst, Ostern und Sommerferien Hochsaison
www.vvvterschelling.nl

Strand, so weit das Auge reicht, bis zu 500 Meter breit, mit einer beständig kühlen Brise – die gehört zu den niederländischen Inseln wie Meer und Möwen. Ein extremer Gezeitenwechsel ebenfalls. Außer Strandleben hat Terschelling natürlich noch einiges mehr zu bieten: Wälder und Naturreservate wie beispielsweise »De Boschplaat«, das durch Eindeichung entstanden ist; Vogelarten wie Austernfischer und Löffler nisten oder überwintern in geschützten Dünenbereichen. Touristen kommen zum Wandern, Radfahren oder Surfen auf die zweitgrößte der Westfriesischen Inseln, die wie Perlen an einer Schnur entlang der niederländischen Küste liegen. Bei all der Ruhe sorgt Midsland für ein bisschen Abwechslung vom Naturgenuss. Das Urlaubszentrum lockt mit Kneipen, Bars und Diskotheken. Außerdem lassen sich hier die Kapitänshäuser der einstigen Walfischflotte besichtigen.

Bei Ebbe zeigen sich die riesigen Wattflächen, dann führen Wanderungen und Kutschfahrten durch die Priellandschaft und über Sandbänke.

AMELAND (WESTFRIESISCHE INSELN)

Lage: Westfriesische Insel vor der niederländischen Küste
Beste Reisezeit: April–Oktober
www.vvvameland.de

Zu den Orten auf der Insel unternimmt man einen Ausflug am besten per Fahrrad. In Ballum begibt sich der Gast auf eine Zeitreise in die Vergangenheit: Der frei stehende Turm des Orts gehörte zu einem 1829 abgerissenen Schloss der Freiherren von Ameland. Im westlichsten Dorf Hollum erinnert das Rettungsboot »Abraham Fock« im Reddingsmuseum an die Zeit, als Pferde die Boote ins Meer zogen.

Die niederländische Pferderasse der Friesen, findet man auf Ameland recht häufig. Sie werden als Reitpferde eingesetzt.

TEXEL (WESTFRIESISCHE INSELN)

Lage: Insel an der Nordspitze Hollands, etwa vier Kilometer vom Festland entfernt
Beste Reisezeit: April–September, Hochsaison Ostern und Sommer
www.texel.net

Schöne Muschelpfade schlängeln sich durch Dünen und Naturschutzgebiete, und überall lockt breiter Strand: Die gesamte Westküste ist ein Paradies aus Sand. An der Ostseite liegt das Wattenmeer, Radwege führen auf den Deichen entlang zum Hafen in Oudeschild oder nach Den Burg. Der Hauptort lockt mit exklusiven Shoppingmöglichkeiten.

Das Wahrzeichen Texels steht ganz im Norden: der knallrote Leuchtturm und um ihn herum Dünengras und Puderzuckerstrand.

ÎLE D'OUESSANT, IROISE

Lage: 20 Kilometer vor der bretonischen Küste
Beste Reisezeit: Sommer, dann stürmt es am wenigsten
www.bretagne-reisen.de

Schiffe, die aus östlicher Richtung heranfahren, begeben sich auch heute noch in Gefahr. Denn sie müssen die berüchtigte »Passage du Fromveur« durchqueren, eine 50 Meter tiefe Fahrrinne, in der die stärksten Gezeitenströme Europas herrschen. Die Brandung tost, Wellen klatschen in Küstennähe auf die Felsen und an den Bug der Fähre. Ein Blick auf die Seekarte gibt Gewissheit: Hier ist ein wahrer Friedhof von Schiffen – allesamt in diesem Graben gekentert und an den Klippen zerschellt, alte Fregatten und Dampfer ebenso wie Tanker, Frachter und Kreuzfahrtschiffe. Heute sorgt moderne Technik für Sicherheit, ein Stellwerk regelt per Radar die Durchfahrt dieser Strecke.
Irgendwann ist sie zu sehen, die Insel. Granit, Felsen, schroffe Kanten und steinige Strände tauchen auf. Die Île d'Ouessant ist gerade einmal acht Kilometer lang und vier Kilometer breit – also kaum mehr als ein Inselchen. Dazu ist Ouessant mit 20 Kilometer Entfernung vom Festland die abgelegenste der französischen Atlantikinseln. Ihre rund 1000 Einwohner leben in erster Linie von der Schafzucht, aber auch vom Tourismus. Das Fleckchen erinnert ein wenig an Irland, denn zur Landes-

mitte hin wird das Bild weicher und grüner. Wiesen, bemooste Felsen, Farne und Heidekraut wachsen hier – zwar ist die Vegetation eher karg, aber immerhin bietet sie vielen Vogelarten Schutz. Im Vogelkundezentrum haben Besucher ganzjährig die Möglichkeit, die Tiere zu beobachten und sich zu informieren. Wissenswertes aus der Historie: Ouessant galt einst als »Insel der Frauen«, denn während die Männer monate- oder gar jahrelang zur See fuhren, mussten die Damen zuhause allein klarkommen. Wrackholz diente als Baumaterial, sie betrieben Ackerbau, mahlten das Korn in eigenen Mühlen und lagerten es in Truhen unter den Betten. Als Heizmaterial für die spärlichen Hütten dienten getrocknete Kuhfladen und Gräser. Einige dieser Häuschen sind im Hauptort Lampaul zu Museen umgebaut und geben Einblick in das Leben im 18. Jahrhundert.

»Wer Ouessant sieht, sieht sein Blut«, so sagt ein altes französisches Sprichwort. Will heißen: Wer auf diese felsige Insel blickt, hat sein Ende vor Augen. Heute zumindest noch, wenn die Überfahrt mit der Fähre bei starkem Wind und hohem Wellengang alles andere als ein Spaß für den Magen ist. Ursprünglich meinte der Spruch jedoch die gefährlichen Riffe, die in diesen Gewässern zwischen Atlantik und Ärmelkanal in großer Zahl vorkommen.

ÎLES CHAUSEY

Lage: Inselgruppe im Ärmelkanal vor der Küste der Normandie
Beste Reisezeit: Mai–September

Zu den Îles Chausey gehören 22 Inseln, deren größte die Grande Île ist. Nur sie ist besiedelt, ein Leuchtturm wacht über das Eiland und seine Geschwister. Lediglich ein paar Dutzend Häuser stehen hier, die meisten sind Ferienhäuser für die Sommerzeit. Und als wäre dies nicht schon Zeitreise genug, fahren Oldtimer-Boote zu der Insel.

Ginster blüht an der felsigen Küste, Büsche und Bäume lockern die steinige Landschaft auf. Frühling und Sommer lassen auf der Grande Île Chausey eine vielfältige Flora erwachen. Saftig grüne Wiesen bilden einen starken Kontrast zu den graubraunen Stränden.

ÎLE DE BRÉHAT

Lage: Acht Kilometer nördlich der Küste der Bretagne im Ärmelkanal
Beste Reisezeit: Frühling wegen der Blütezeit der Wildblumen

Klein und autofrei – die Île de Bréhat ist gerade einmal fünf Kilometer lang. Zu ihr gehört ein eigener Archipel, dessen Namensgeberin die Ile de Bréhat ist. Nur etwa 400 Menschen leben dort. Dennoch lohnt ein Ausflug auf die Insel, die den Beinamen »Insel der Blumen und der rosa Felsen« trägt. Wildblumen blühen im Frühjahr überall in diesem Idyll, und die Steinküste schimmert im Sonnenlicht leuchtend rosa. Die »Côte de Granit Rose«, die rosarote Granitküste, erhielt ihren Namen von dem speziellen Gestein.

Jahrtausendelang haben Wind und Wellen die Klippen geschliffen, ein Leuchtturm wacht über die Küste.

ÎLE DE RÉ

Lage: westlich vor La Rochelle
Beste Reisezeit: April–Oktober
www.ildere.com

Der Ausflug zur Île de Ré führt zunächst in die seit dem 11. Jahrhundert bedeutende Hafenstadt La Rochelle, die als eine der schönsten Städte Frankreichs gilt und ebenfalls einen Besuch lohnt, denn die alte Hafenstadt ist Fischerort und Seebad zugleich. Île de Ré – auch »Weiße Insel« genannt – ist durch eine drei Kilometer lange Brücke mit dem Festland verbunden. Weingärten, Salzsümpfe und überall ein strahlendes Weiß bestimmen das Bild; dazwischen liegen hübsche Dörfer, deren Häuser üppigen Blumenschmuck tragen. Hauptort der Insel ist St.-Martin-de-Ré. Steinige Mauern und helle, weiße Fassaden prägen die Ortschaft. Die Zitadelle der Stadt wurde vom Festungsbaumeister Sébastien Le Prestre de Vauban im 17. Jahrhundert errichtet und blickt auf eine 300-jährige Gefängnistradition zurück. Im Jachthafen liegen die Boote und stehen die schmucken alten Kaufmannshäuser. Zwischen Ars und Loix stößt man auf die Wasserbassins, aus denen die Sälzer das »weiße Gold«, Salz, gewinnen. Ein attraktives Ziel ist auch St.-Clément-des-Baleines nahe der Nordwestspitze der Insel mit den zwei Leuchttürmen.

Die Promenade am Jachthafen von St.-Martin-de-Ré.

KORSIKA

Lage: Insel im Ligurischen Meer
Beste Reisezeit: April–Oktober
www.visit-corsica.com/de

Die viertgrößte Mittelmeerinsel wird auch »Insel der Schönheit« genannt. Vielleicht liegt es am azurblauen Meer und den kleinen vorgelagerten Inseln, vielleicht am Hochgebirge – immerhin sind hier 50 Berge über 2000 Meter hoch. Keine Mittelmeerinsel ist so grün wie Korsika, und das würzige Aroma von Steineichen, Eukalyptus, Schwarzkiefern und Lavendel liegt hier überall in der Luft. Doch das Schönste ist für viele Besucher sicherlich die über 1000 Kilometer lange Küste – mal mit weißen Sandstränden, mal mit blauen Fjorden, dazwischen steile Klippen und Felsen. Strände wie aus dem Bilderbuch finden sich etwa am Golf von Valinco im Südwesten der Insel.
Korsika blickt auf eine lange und bewegte Geschichte zurück. Bereits im 7. Jahrhundert v. Chr. setzten ligurische Einwanderer nach Korsika über. Infolge der Verschmelzung mit den Ureinwohnern entstand eine blühende Megalithkultur, von der noch heute zahlreiche Dolmen und Menhire eindrucksvoll Zeugnis ablegen. Nach der Besatzung durch die Griechen und Römer ging Korsika 1077 als Lehen an Pisa. Die Zitadellen bei Corte, Bastia und Calvi sowie die genuesischen Wachtürme entlang der Küste geben Kunde von der 500 Jahre währenden Herr-

schaft Genuas. 1769 wurde die Insel schließlich Frankreich einverleibt.
Um die vielen unterschiedlichen Facetten der Insel kennenzulernen, empfiehlt sich eine Rundreise. Von der lebendigen Hafenstadt Bastia aus fährt man zunächst um das landschaftlich abwechslungsreiche Cap Corse, dann weiter die Westküste entlang. Von Porto aus gelangt man ins Herz der Insel bis nach Corte. Dann geht es wieder zurück ans Meer: Hier lockt Ajaccio, die Geburtsstadt Napoleons, mit zahlreichen Kulturangeboten und unzähligen Bademöglichkeiten. 1811 ernannte Napoleon Bonaparte, der berühmteste aller Korsen, »seine« Stadt zur Hauptstadt der Insel, und daran wurde bis heute nicht gerüttelt. Der 1492 gegründete Ort ist stark von der Erinnerung an seinen berühmten Sohn geprägt. In seinem Geburtshaus befinden sich Dokumente, Porträts und andere Erinnerungsstücke der Familie.
Bonifacio, das einstige Piratennest in spektakulärer Lage hoch auf den weißen Kreidefelsen, lädt zu einem Stadtbummel durch seine verwinkelten Gassen ein. Über den Col de Bavella, eine der schönsten Gebirgslandschaften der Insel, und die verträumte Castagniccia erreicht man wieder den Ausgangspunkt, den Fährhafen Bastia.

Die Festung von Bonifacio, dem südlichsten Ort Korsikas, wacht über einem perfekten Naturhafen.

MALLORCA (BALEAREN)

Lage: im westlichen Mittelmeer, etwa 180 Kilometer vom spanischen Festland entfernt
Beste Reisezeit: Februar–Oktober
http://mallorca.de

Weiße Sandstrände, das türkisblaue Meer, die Felsformationen der Serra de Tramuntana, das noch bäuerlich geprägte Innere der Insel mit kleinen Dörfern wie Fornalutx oder Alaró und die quicklebendige Atmosphäre der Hauptstadt Palma machen Mallorca mit ihrem mediterranen Klima für Besucher so attraktiv. Ist man neugierig genug und verlässt die Hochburgen des Tourismus, kann man überall das echte Mallorca entdecken: in den verborgenen kleinen Felsenbuchten mit ihren Fischerhütten, auf den Bauernmärkten der Bergdörfer, in den Bars der Einheimischen oder in den Cafés der Hauptstadt. Mallorca ist ein Eldorado für Freiluftsportler, die wandern, bergsteigen, radeln oder segeln wollen; eine artenreiche Pflanzen- und Vogelwelt bietet sich dem Naturfreund dar, denn ein Drittel der Insel steht unter Naturschutz; Museen wie das Es Baluard in Palma oder Klöster wie das Santuari de Lluc in den Tramuntanabergen lassen auch den Kunstliebhaber nicht zu kurz kommen; hervorragende Weine und die kreative Inselküche begeistern den reisenden Gourmet. Trotz des Tourismus hat die Insel ihren Charakter bewahrt. Vor den Besucherströmen zuckt der Mallorquiner nur gelassen die Schultern, denn spätestens gegen Ende des Sommers, wenn es allmählich Herbst wird, hat die Insel wieder zu ihrem eigenen Rhythmus zurückgefunden.

Großes Bild: Am Cap de Formentor; Bildleiste von oben: Die Serra de Tramuntana bei Sa Calobra; Palmas Kathedrale La Seu; Blick über die Península de Formentor.

MENORCA (BALEAREN)

Lage: östlich von Mallorca, im westlichen Mittelmeer, etwa 180 Kilometer vom spanischen Festland entfernt
Beste Reisezeit: Februar–Oktober
www.menorca-spanien.de

Anders als Mallorca oder Ibiza gilt die Insel als Ort der Ruhe und des gemäßigten Tourismus. Besonders Familien mit Kindern, Naturliebhaber und Kulturinteressierte finden hier, was sie suchen: großzügige Hotels, kilometerlange Sandstrände im Süden, Wandermöglichkeiten im Inselinneren und Relikte der Talayotkultur (etwa 1300–100 v. Chr.), die Menorca ebenso wie Mallorca in vorrömischer Zeit prägte. Die »talayots« sind zylinderförmige Steintürme, die eine Höhe von bis zu zehn Metern erreichen können und im Inneren mit Kammern und Korri-

IBIZA (BALEAREN)

Lage: südwestlich von Mallorca
Beste Reisezeit: Mai–Oktober
www.ibiza.travel/de

Auch heute noch ist der Name Ibiza aufs Engste mit der Vorstellung von exzentrischen Partygängern verknüpft, die sich heiße Inselnächte um die Ohren schlagen. Und tatsächlich befinden sich mit »Privilege«, »Pacha« und »Café del Mar« einige der bekanntesten Klubs Europas auf der Insel. Doch Ibiza lässt sich nicht auf seine Nightlifeszene reduzieren. Auf den knapp 600 Quadratkilometern Inselfläche treffen unterschiedliche Welten aufeinander: Während im bergigen Norden Ibizas Schäfer und Bauern auf den Feldern ihre Arbeit beginnen, nehmen Frühaufsteher in Ibiza-Stadt den ersten Kaffee ein, machen Alt- oder Neohippies in ihren Fincas

doren ausgestattet sind. Oft fügen sich mehrere Bauten zu einer Siedlung zusammen – und Torralba d'en Salort ist eine der bekanntesten. Auf Menorca (lateinisch »minor« = die Kleinere), der östlichsten und zugleich nördlichsten Insel, findet man drei deutlich voneinander unterscheidbare Regionen vor: Hügeliges Weideland mit grasenden Kühen, knorrigen Olivenbäumen und vereinzelten weiß gekalkten Bauernhäusern prägt die Inselmitte, während wild zerklüftete Schluchten und kilometerlange Sandstrände den Süden bestimmen. Cala Galdana, inmitten eines Kiefernwäldchens gelegen, und die beiden Sandstrände Son Bou und Sant Tomás gehören zu den schönsten Bademöglichkeiten in dieser Region. Im Norden dagegen fällt die Küste steil zum Meer hin ab.

Bei Seglern ist die Bucht Cala Macarella zum Ankern sehr beliebt.

erste Meditationsübungen und schlafen Touristen noch in ihren Hotelbetten. So findet jeder seinen Platz auf der Insel. Städtisches Zentrum ist Eivissa, Ibiza-Stadt, mit der historischen Altstadt, Dalt Vila, eine der wenigen Städte im Mittelmeerraum, die seit mehr als 2500 Jahren durchgängig bewohnt wird. Um das Jahr 654 v. Chr. wurde die Stadt als Ibosim, »Stadt des Gottes Bés«, von den Phöniziern gegründet. Dank der strategisch günstigen Lage stieg Ibosim rasch zu einem wichtigen Handelsstützpunkt im Mittelmeerraum auf. Unter maurischer Herrschaft wurde die Festung der Oberstadt zur »Medina Yebisah« ausgebaut und mit einem dreifachen Mauerwerk umgeben, dem Vorläufer der heutigen Stadtmauer aus der Renaissance.

Blick auf die Altstadt Dalt Vila von Eivissa. Malerisch schmiegen sich hier die Häuser aneinander.

TENERIFFA (KANARISCHE INSELN)

Lage: im östlichen Zentralatlantik, vor der afrikanischen Küste auf Höhe des südlichen Marokko
Beste Reisezeit: ganzjährig
www.webtenerife.de

Politisch gehört die Inselgruppe der Kanarischen Inseln zu Spanien und somit zu Europa, und der spanische Einfluss macht sich vor allem in Architektur, Kultur und Lebensart bemerkbar. Doch auch die geografische Nähe zum afrikanischen Festland prägt den Archipel, der eine Vielzahl exotischer Pflanzen und eindrucksvoller Naturphänomene aufweist. Die vulkanische Entstehung ist auf allen Inseln nachvollziehbar. Man findet im Teide-Nationalpark (UNESCO-Weltnaturerbe) rund um den höchsten Berg Spaniens, den 3718 Meter hohen Pico del Teide, eine faszinierende Vulkanlandschaft mit endemischer Fauna und Flora. Auch abseits der touristischen Zentren hat die größte Kanarische Insel ihren Gästen viel zu bieten. Aus der großen Fülle der Kulturdenkmäler und Naturwunder ragt die zweite UNESCO-Welterbestätte ganz besonders hervor: Nur neun Kilometer von der heutigen Inselhauptstadt Santa Cruz de Tenerife entfernt liegt San Cristóbal de La Laguna. Das historische Zentrum der ehemaligen Kapitale Teneriffas gilt als frühes Beispiel einer am Reißbrett entworfenen Stadt, das zum Vorbild für die spanischen Kolonialstädte in Lateinamerika wurde. Die engen Gassen und Straßen sind schachbrettartig angelegt und werden von schmucken Häusern und herrschaftlichen Villen im kanarischen Baustil gesäumt.

Mit der Seilbahn kommt man bequem auf Spaniens höchsten Berggipfel Pico del Teide, und oben gibt es einige Aussichtspunkte.

GRAN CANARIA (KANARISCHE INSELN)

Lage: westlich vor der Küste Südmarokkos im Atlantik
Beste Reisezeit: ganzjährig
www.grancanaria.com

Die drittgrößte Kanareninsel wartet mit einer außergewöhnlichen landschaftlichen Vielfalt auf. Im vergleichsweise niederschlagsreichen Norden wird von alters her intensiv Landwirtschaft betrieben. Einige sehenswerte Städte und zahlreiche Dörfer zeugen von dem Wohlstand, der hier mit dem Anbau von Zuckerrohr geschaffen wurde. Der trockene Süden hingegen wirkt vielerorts fast wüstenhaft und stand lange Zeit im Schatten der nördlichen Inselhälfte. Erst mit der Entwicklung einer florierenden Tourismusindustrie hat er den Anschluss geschafft. Die gebirgige Region im Zentrum ist von Schluchten und bis zu 1900 Meter aufragenden Felsmassiven durchzogen. Kiefern und Lorbeerbäume gedeihen hier. Ihre Bewohner leben von Mandel-, Zitrusfrüchte-, Kartoffel- und Gemüseanbau. Sehenswert sind auch die Dünen von Maspalomas. Das rund 400 Hektar große Gelände reicht von der Küste bis maximal 1500 Meter landeinwärts. Je nach Sonnenstand leuchten die Dunas de Maspalomas in unterschiedlichen Farben – von Hellgelb bis Orange. Begrenzt werden sie vom Meer und von einigen saftig grünen Golfplätzen. Zum Meer hin breitet sich die Playa de Maspalomas aus. Dieser eher ruhige Strand geht nach Osten in die Playa del Inglés vor dem gleichnamigen Ferienort über. Hier befindet sich das touristische Zentrum der Insel.

Faszination im Naturpark Tamadaba an der Westküste Gran Canarias: Felsnadeln wie der »Dedo de Dios«, der »Finger Gottes« trotzen den Wellen des Atlantiks.

EL HIERRO (KANARISCHE INSELN)

Lage: westlichste Insel der Kanarischen Inselgruppe
Beste Reisezeit: ganzjährig
www.insel-hierro.de

Die kleinste und am wenigsten dicht besiedelte Insel der Kanaren galt schon in der Antike als westlichster Punkt der Alten Welt. Durch einen Vorsprung an der Westküste wurde im Jahr 1634 der Nullmeridian gelegt (1884 von dem Nullmeridian von Greenwich abgelöst). Im Zentrum der Insel liegt ein Hochplateau mit rund 1500 Aschekegeln, überragt vom 1501 Meter hohen Malpaso. Hier verbirgt sich noch eine ganz unverfälschte Natur, und man findet Ruhe und Einsamkeit. Sonnenanbeter allerdings sollten sich im Klaren darüber sein, dass das kleine Eiland nur wenige Badestrände aufweist, stattdessen aber immer wieder Steilküsten mit sehenswerten Aussichtspunkten. Den Mirador de la Peña hat der auf Lanzarote beheimatete Künstler César Manrique entworfen; von hier aus überblickt man die Bucht von El Golfo und kann anschließend noch im kleinen Restaurant einkehren. Der westliche, fruchtbarste Teil der Insel wird vorwiegend zur Landwirtschaft genutzt, der Süden dagegen hat wenig Niederschläge, es ist trocken, und entsprechend karg ist die Vegetation.

Die Steilküste von El Hierro ist vulkanischen Ursprungs.

LA PALMA (KANARISCHE INSELN)

Lage: 400 Kilometer westlich vor der Küste Südmarokkos im Atlantik
Beste Reisezeit: ganzjährig
www.la-palma-aktuell.de

La Palma, »Isla Verde«, die grüne Insel, wird auch »Isla Bonita« genannt, »die Schöne«. Berge von alpiner Vielfalt, tiefe Schluchten, ein mildes Klima sowie eine immergrüne Vegetation und ein sanfter Tourismus geben der nordwestlichsten Insel der Kanaren ihren Reiz. Die Insel ist zum Wandern ideal und bei Individualtouristen sehr beliebt. Auch Naturliebhaber kommen hier auf ihre Kosten. Naturbelassene, dichte Wälder mit teils fast urwaldartigem Bewuchs bedecken größere Gebiete der Insel. Wunderschöne Strandbuchten werden immer wieder von erkalteten Lavaströmen unterbrochen. Das teilweise über 2000 Meter hohe Bergland, mit dem Roque de los Muchachos und der vulkanische Einsturzkrater Caldera de Taburiente prägen die Landschaft der Insel auf eigenwillige Art und Weise. Um den Krater herum wurde in den 1950er-Jahren ein Nationalpark eingerichtet. Die Inselhauptstadt Santa Cruz de la Palma auf der Ostseite der Insel mit ihren restaurierten, historischen Bürgerhäusern an der Avenida Maritima lohnt einen Besuch.

Hübsch leuchten die typischen kanarischen Häuschen an der Avenida Marítima im Sonnenlicht.

LA GOMERA (KANARISCHE INSELN)

Lage: 300 Kilometer vom afrikanischen Festland entfernt
Beste Reisezeit: ganzjährig
www.gomera-island.com

La Gomera weist auf engem Raum unterschiedliche Klimazonen auf. Im regenreichen Norden dominieren die terrassierten Felder der Bauern, im Süden Hotels und Strände. Das Gebiet des Nationalparks Garajonay (oben) umfasst mit seinen knapp 4000 Hektar rund ein Zehntel der Fläche von Gomera und schließt sämtliche sechs Gemeinden der Insel ein. An den Berghängen des Alto de Garajonay findet sich dichter Urwald, der letzte Rest des subtropischen Urwalds in Südeuropa mit dem einzigen geschlossenen, auf das Tertiär zurückgehenden Lorbeerbaumwald der Erde. Die ozeanische Lage führte dazu, dass die Wälder dieser mehrere Millionen Jahre zurückliegenden geologischen Epoche Klimaverschlechterungen im Zuge der Eiszeit gut überleben konnten. Viele der in diesem Areal vorkommenden Tier- und Pflanzenarten sind endemisch. Meist reicht der Nebel im Nationalpark Garajonay bis auf den Boden des Lorbeerbaumforsts, wobei der sogenannte horizontale Regen entsteht. Das urtümliche Ökosystem lässt erahnen, wie die Wälder vor etwa 65 Millionen Jahren ausgesehen haben. Waldbrände im Sommer 2012 haben zu großen Schäden geführt.

Großes Bild: Die terrassenförmig angelegten Felder von La Gomera. Bildleiste von oben: Auf der kleinen Kanarenschönheit bieten sich immer wieder herrliche Blicke auf den Atlantik. Der Roque de Agando ist ein 1250 Meter hoher Felsturm vulkanischen Ursprungs. Der Garajonay Nationalpark gehört zum UNESCO-Welterbe.

FUERTEVENTURA (KANARISCHE INSELN)

Lage: zweitgrößte Kanareninsel im Atlantik, 120 Kilometer westlich der marokkanischen Küste
Beste Reisezeit: Januar–September; ideales Überwinterungsziel mit Temperaturen um 18 Grad im Januar
www.turismodecanarias.com

Im 19. Jahrhundert war Antigua Sitz der Inselverwaltung. Von dem einstigen Reichtum des Städtchens in der Inselmitte Fuerteventuras zeugen noch die pastellfarbenen Herrenhäuser. Die schönsten Farben malt jedoch die Natur auf die Insel: ein tiefblauer Atlantik, helle Sandstrände, schwarze Lavasteine sowie braun-grüne Berge.

Weitläufige Sandstrände sind ein Markenzeichen von Fuerteventura.

LANZAROTE (KANARISCHE INSELN)

Lage: 140 Kilometer vom afrikanischen Festland entfernt
Beste Reisezeit: ganzjährig
www.insel-lanzarote.de

Die östlichste Insel der Kanaren verdankt ihren Beinamen »schwarze Perle« einem von vulkanischen Aktivitäten geprägten Landschaftsbild. Obwohl Lanzarote eine Fläche von nur 846 Quadratkilometern umfasst, finden sich hier 300 Vulkankrater. Im Zentrum der Insel erstreckt sich La Geria, das größte Weinbaugebiet der Kanaren. Die Lanzaroteños haben die Lavalandschaft mühevoll kultiviert und jeden Rebstock einzeln ummauert.

Geschützt zwischen kleinen Mauern gedeiht der Wein auf den tiefschwarzen Lavafeldern.

MADEIRA

Lage: 700 Kilometer westlich vor der marokkanischen Küste
Beste Reisezeit: ganzjährig
www.visitmadeira.de

Im 19. und noch im 20. Jahrhundert galt die »Blumeninsel« als Zufluchtsort für gut betuchte Senioren aus England und ganz Europa, die hier ihr Winterquartier aufschlugen. Heute wird sie mehr und mehr von Aktivurlaubern besucht. Die wild zerklüftete, von tiefen Schluchten durchzogene Berglandschaft ist ein Dorado für Wanderer und die artenreiche Flora ein Paradies für Naturliebhaber. Seit Beginn ihrer Erschließung durch die portugiesischen Kolonialherren im frühen 19. Jahrhundert wird auf Madeira intensiv Landwirtschaft betrieben. An jedem noch so steilen Hang wurden Terrassenfelder angelegt. Sie werden über ein mehrere Tausend Kilometer umfassendes Netz von künstlichen Kanälen, den Levadas, mit Wasser versorgt. Funchal, die Hauptstadt der Insel, hat ihren Besuchern verschiedene Sehenswürdigkeiten zu bieten. Überall grünt es. An Straßen und Plätzen, in Gärten und Parks entfalten die Blüten ihre Farbenpracht. Zahlreiche historische Prunkbauten zeugen von dem Reichtum, der hier einst mit dem Anbau von Zuckerrohr erwirtschaftet wurde. Gleich gegenüber des Jachthafens fällt der Palácio de São Lourenço auf. Die Festung wurde im 17. Jahrhundert zum Schutz gegen Priaten erbaut und ist heute Residenz des Gouverneurs. Fast ein Muss ist der Besuch der Kathedrale Sé. Das von außen eher unscheinbar wirkende Gotteshaus aus dem 16. Jahrhundert beeindruckt innen durch eine mit Elfenbeinintarsien reich geschmückte Holzdecke und kunstvoll geschnitzte Altäre.

Die Hügel prägen die Insel, das zeigt sich auch beim Blick über den Jachthafen von Funchal.

FLORES (AZOREN)

Lage: Flores ist der westlichste Punkt Europas im Atlantik
Beste Reisezeit: Mai–August

Flores – Blumen. Diese Insel trägt ihren Namen zu Recht, denn sie ist eine blühende Pracht mit mildem Klima. Im Sommer tauchen die riesigen Blüten der Hortensien das Eiland in zartes Rosa und helles Blau. Dazu das satte Grün der Wiesen und Wälder – Europa ist an seinem westlichen Ende ein echtes Naturparadies. Wasserfälle, die sich über steinerne Treppen ihren Weg durch Berge und Wälder bahnen, sowie unbeschreibliche Ausblicke über die Steilküste machen den Reiz für Besucher aus. Wanderer finden zahlreiche Wege durch unberührte Landschaften, vor allem um den Morro Alto herum, den mit 914 Metern höchsten Berg der Insel. Wilde

PICO (AZOREN)

Lage: 1500 Kilometer westlich von Lissabon im Atlantik gelegen
Beste Reisezeit: März–Oktober
www.azores.com

Pico ist die zweitgrößte Insel der Azorengruppe und erhielt ihren Namen nach dem gleichnamigen, 2351 Meter hohen Vulkan Ponta do Pico, dem höchsten Berg Portugals. Die Böden der Insel sind mineralienreich, das Klima ist ozeanisch mild, sommertrocken und winterfeucht mit stürmischen Winden. Haupterwerb ist bis heute die Landwirtschaft. Schon seit der ersten Besiedlung bauten die Portugiesen auf Pico Wein an. Pflanzen und Trauben mussten vor dem heftigen Wind und der mitgeführten Meerwassergischt geschützt werden; so entstand besonders an der Nordwestküste ein kleinräumiges Mosaik aus recht-

Bäche schneiden tief in Täler, kleine Dörfer mit einigen bunten Häusern klammern sich an Klippen. Eins von ihnen ist heute eine echte Geisterstadt: Caldeira. In dem Ort stehen seit Beginn der 1990er-Jahre die Häuser leer, seine Bewohner sind weggezogen. Flores liegt so abgeschieden, dass zwar Piraten die Insel überfielen, aber die Siedler erst um 1500 kamen. Damals war der Handel schwierig, dagegen hat es der Tourismus mit Direktflügen von Lissabon heute leichter.

Bizarre Felsformationen und steile Wände ragen aus dem satten Grün von Flores empor, durch die bewaldeten Hänge führen Wanderwege. Es gibt auf Flores die »Sete Lagoas«: Sieben Seen, die still in der Mitte des Eilands im Gebirge liegen. Sehenswert sind vor allem die beiden Kraterseen der inaktiven Vulkane Caldeira Funda und Caldeira Comprida.

eckigen Feldbegrenzungen, die »currais«, die die Bewohner von Pico als Trockensteinmauern für die Rebstöcke anlegten. Oft stehen in so einem Feld nur sechs Reben. Angebaut wird hier bis heute die Verdelho-Rebe, die auf Madeira einen der besten Weine ergibt. Die Produktion des Verdelho auf Pico ist nur noch von örtlicher Bedeutung. Die Entstehung des mächtigen Inselvulkans war vor gut 250 000 Jahren abgeschlossen, und die Picarenses haben sich über die Jahre mit dem Feuerberg arrangiert, ist er doch furchtbar und fruchtbar zugleich. Mineralhaltige Vulkanböden und die Wärme speichernde Lava sind hervorragende Voraussetzungen für den Weinanbau.

Der vier- bis sechsstündige Aufstieg, am besten mit örtlichem Führer, zum Pico ist recht beschwerlich, verspricht aber sehenswerte Naturerlebnisse.

SYLT (NORDFRIESISCHE INSELN)

Lage: vor der schleswig-holsteinischen Küste, in der Nordsee
Beste Reisezeit: ganzjährig, Juli–September zum Baden
www.tourist-info-sylt.de

Sylt ist die nördlichste Insel Deutschlands, die kleine Gemeinde List der nördlichste Punkt der Republik. Aber Sylt ist nicht einfach nur eine Insel. Es ist auch ein Lebensgefühl. An den bis zu 40 Kilometer langen Sandstränden, in den teilweise bis zu 30 Meter hohen Dünen, hinter den grünen Deichen und in den zwölf schönen Orten lässt man es sich gut gehen. Vor ca. 8000 Jahren wurde die Insel während einer Flut vom Festland abgetrennt, 1927 durch den Hindenburgdamm wieder mit ihm verbunden. Seitdem fahren bis zu 650 000 Urlauber jährlich über diesen Damm auf die 38,5 Kilometer lange und zwischen 350 und 1200 Meter breite Insel. Aufgrund ihrer exponierten Lage kommt es auf der Insel während einer Sturmflut immer wieder zu Landverlusten. Schutzmaßnahmen wurden in den letzten Jahrzehnten entwickelt, um der Erosion Einhalt zu gebieten. Lange und schwere Buhnen erst aus Holz, später aus Beton wurden eingesetzt, doch dann wieder entfernt. Baggerschiffe, die ein Sand-Wasser-Gemisch an ganz bestimmten Gebieten an den Strand bringen, und Planierraupen kamen dagegen recht erfolgreich zum Einsatz. Während an der West-

küste der Wind die Nordsee an die Küste treibt, leben auf der Ost- und damit der stillen Wattseite etwa zwei Millionen Organismen pro Quadratmeter Wattenmeerboden im Nationalpark Wattenmeer. Dieses Gebiet ist Rastplatz für mehr als zwei Millionen Zugvögel und Sommerfrische für alljährlich brütende Brandgänse, Eiderenten, Möwen und Schwalben. Außerdem ist das Watt Lebensraum für Heringe, Seezungen und Schollen sowie für Kegelrobben, Seehunde und für Schweinswale: Der Nationalpark Schleswig-Holsteinisches Wattenmeer bietet über 3000 verschiedenen Tier- und Pflanzenarten paradiesische Zustände. Und das von der dänischen Grenze bis zur Elbmündung auf einer Fläche von über 4000 Quadratkilometern. Schleswig-Holstein war das erste Bundesland, das die nördlichen Flächen des Wattenmeers unter Schutz stellte. Seit 1985 ist es Nationalpark. Aufgeteilt wurde der Nationalpark Wattenmeer in drei Schutzzonen: In der ersten Zone, dazu gehören die Seehundbänke, dürfen sich Menschen gar nicht oder nur auf ausgewiesenen Wegen aufhalten, Teil der zweiten Schutzzone ist das Walschutzgebiet. Die dritte Zone dient der Fischerei, dem Tourismus und der Erdölförderung.

Leuchttürme, hier am Ostellenbogen, Dünenlandschaften und Strand prägen Sylt.

JUIST (OSTFRIESISCHE INSELN)

Lage: acht Kilometer vom Festland entfernt, zwischen Borkum und Norderney
Beste Reisezeit: ganzjährig
www.juist.de

Hier warten Dünen mit langem, grün-goldenem Gras und endlose Sandflächen. Tief einatmen! Die Luft ist salzig und frisch, dazu rauscht das Meer beständig und beruhigend in den Ohren – abschalten, entschleunigen. Sehenswert: die Salzwiesen im Süden von Juist. Im Sommer ein buntes Blumenmeer, peitscht im Winter die See darüber.

Juist lockt im Norden mit einem 17 Kilometer langen Strand, den Spaziergänger sogar im Sommer für sich allein haben, wenn sie den Hauptbadestrand hinter sich lassen.

BORKUM (OSTFRIESISCHE INSELN)

Lage: zwölf Kilometer nördlich vom Festland, die westlichste und größte Ostfriesische Insel
Beste Reisezeit: ganzjährig, im Winter besonders jodhaltige Luft
www.borkum.de

Auf den »Therapiewegstrecken« geht es um Entspannung: Das sind Touren, die Körper und Geist in Balance bringen sollen. Sie führen beispielsweise am Strand entlang mit Blick auf die Seehundbank und ihre streng geschützten Bewohner. Oder durch weite Wiesen und Weiden über den Seedeich zum Nationalpark Wattenmeer, der zum Weltnaturerbe der UNESCO zählt.

Seit 2011 erstrahlen sie in neuem Glanz: Wandelhalle und Musikpavillon auf der Borkumer Promenade.

NORDERNEY (OSTFRIESISCHE INSELN)

Lage: zweitgrößte Ostfriesische Insel
Beste Reisezeit: ganzjährig
www.norderney.de

Im Kurtheater und auf dem Kurplatz finden jedes Jahr über 1000 Veranstaltungen von Konzerten bis zur Comedy statt, das »Conversationshaus« ist erste Anlaufstelle für Touristen. Seit Eröffnung des Seebads Norderney um 1800 ist das Ensemble zentraler Punkt des gesellschaftlichen Lebens. Auch heute noch gilt hier: Sehen und gesehen werden. Wellness pur gibt es im Badehaus: Norderney, die Thalassoinsel.

Strandkörbe, Sand und blauer Himmel – Erholung pur; doch Norderney ist auch eine Eventinsel, auf der man was erleben kann.

LANGEOOG (OSTFRIESISCHE INSELN)

Lage: vier Kilometer von der Küste Ostfrieslands entfernt
Beste Reisezeit: März–Oktober
www.langeoog.de

Das Heimatmuseum im alten Seemannshus lohnt einen Besuch, die rund 20 Meter hohe Melkhörndüne dagegen einen Blick von oben über die Landschaft. Doch bei aller Naturschönheit der Insel – Lale Andersen wartet! Die mit ihrem Hit »Lili Marleen« weltberühmt gewordene Sängerin wohnte einst hier. Ihr Haus ist heute ein Café und ideal, um einen Ostfriesentee zu trinken.

Er ist das Wahrzeichen von Langeoog: der Wasserturm. Besucher können ihn besichtigen und erfahren Wissenswertes zur Trinkwassergewinnung.

RÜGEN

Lage: in der Ostsee vor Stralsund
Beste Reisezeit: ganzjährig
www.ruegen-hiddensee.de

Rügen, die mit 976 Quadratkilometern größte deutsche Insel, besteht eigentlich aus fünf Inseln, die im Lauf der Zeit zusammenwuchsen – Jasmund, abgeschieden zwischen Meer und Bodden und nur über zwei Nehrungen erreichbar, ist die ursprünglichste davon. In der bewaldeten Nordhälfte entstand 1990 der Nationalpark Jasmund – mit 30 Quadratkilometern der kleinste Deutschlands. Sein Kernbereich ist die bekannte Kreideküste. Weit in die Ostsee reckt sich Kap Arkona, eine der sonnenreichsten Ecken Deutschlands. Die exponierte Lage an der äußersten Nordspitze Rügens ist vor allem für die Seefahrt bedeutsam: Bei unsichtiger Wetterlage, Sturm oder Fehlnavigation lau-

USEDOM

Lage: in der Ostsee, südöstlich von Rügen in der Pommerschen Bucht
Beste Reisezeit: ganzjährig
www.usedom.de

Die fast 450 Quadratkilometer große Insel Usedom, die sich zwischen Peene und Swina, den beiden Mündungsarmen der Oder, erstreckt, ist ein Feriengebiet par excellence. Hauptgründe für ihre Beliebtheit sind die heilsame Seeluft und die kilometerlangen familienfreundlichen Strände, die ihr bereits vor Generationen den Kosenamen »Badewanne Berlins« bescherten. Während die alten Siedlungen der Fischer mit ihren reetgedeckten Häusern mehrheitlich am Achterwasser liegen, entstand gegen Ende des 19. Jahrhunderts zum offenen Meer hin eine Reihe eleganter Seebäder. Zu den namhaftesten ihrer Art zählen Bansin, Ahlbeck und Heringsdorf. Wahr-

fen Schiffe auf West- oder Ostkurs hier Gefahr zu stranden. Kein Zufall, dass auf Kap Arkona der älteste Leuchtturm der Ostseeküste steht: Der im Jahr 1826 erbaute 21 Meter hohe Schinkelturm war bis zum Jahr 1905 in Betrieb. Direkt neben dem klassizistischen Oldtimer ragt der noch heute betriebene Nachfolger auf, mit über 100 Jahren auch nicht mehr ganz der Jüngste.
Neben quirligen Reisezentren bietet Rügen auch noch viele versteckte Orte, an denen Naturfreunde und Romantiker unter sich sein können – etwa am Bootshafen von Gager auf der hügeligen Halbinsel Thiessow im Südosten der Insel.

Die alte Selliner Seebrücke auf Rügen wurde 1941 durch Eisgang zerstört und erst 1998 in Anlehnung an das Jugendstiloriginal wieder aufgebaut. Von der Steilküste, auf der das Ostseebad Sellin liegt, blickt man auf die Seebrücke.

zeichen dieser »drei Kaiserbäder« auf Usedom sind die eindrucksvollen Seebrücken: Die von Ahlbeck ist mehr als 100 Jahre alt, jene von Heringsdorf mit 508 Metern das längste Bauwerk dieser Art in Kontinentaleuropa. Gleichzeitig ist »die grüne Insel am Meer« seit 1999 ein Naturpark. Man findet waldgesäumten Ostseestrand, Salzwiesen am Brackwasserhaff, flache Seen, Buchenwälder, Dünen und Kulturlandschaft. Das einstige Raketenversuchsgelände Peenemünde, das an der Westspitze der Insel liegt, wurde nach der Wende in ein historisch-technisches Freilichtmuseum umgewandelt.

Theodor Fontane schätzte die Ruhe und die Luft von Usedom. In einem dort im Jahr 1863 an seine Frau geschriebenen Brief meinte er, »diese beiden Dinge wirken wie Wunder und erfüllen Nerven, Blut, Lungen mit einer stillen Wonne«.

ELBA

Lage: größte Insel des Toskanischen Archipels
Beste Reisezeit: Frühjahr und Sommer

Elba ist die drittgrößte Insel Italiens mit einer Fläche von rund 223 Quadratkilometern, ihre höchste Erhebung misst 1019 Meter und heißt Monte Capanne. Von seiner Spitze ist der Ausblick über den westlichen Teil der Insel einfach fantastisch: blühende Sträucher, ein welliges Profil aus Grün und Grau, kleine Dörfer, deren Häuser mit ihren roten Dächern leuchten und die wie zwischen die Berge hingestreut wirken. Rucksack mit Proviant packen, und los geht's! Die Wanderwege sind oft nicht mehr als Pfade mitten durch die Natur. Wilde Orchideen wachsen in den Naturschutzgebieten des »Parco Nazionale Arcipelago Toscano«, des Nationalparks Toskanischer Archipel, zu dem sowohl Elba als auch die kleine Insel Giglio gehören. Sie erlangte 2012 traurige Berühmtheit, als an ihrer felsigen Küste die »Costa Concordia« leckschlug. Die schönsten Wanderrouten Elbas führen direkt an der Steilküste entlang – oberhalb des strahlend blauen Meeres. Das lässt sich übrigens prima beim Tauchen, Schnorcheln oder während einer Kajaktour erkunden. Natürlich darf auch der wohl berühmteste Bewohner Elbas nicht unerwähnt bleiben: Napoleon Bonaparte. Nach seinem Russlandfeldzug im Jahr 1812

schickte Frankreich ihn 1814 nach Elba, der Senat zwang ihn, als französischer Kaiser abzudanken. Kurz nach der Ankunft auf seiner Exilinsel übernahm er dort die Herrschaft, floh aber ein knappes Jahr später und kehrte nach Frankreich zurück. Eine »Napoleon-Route« führt heute zu den wichtigsten Plätzen des verbannten Franzosen. So können Besucher seine einstige Stadtresidenz, die Villa dei Mulini, besichtigen. Sie beherbergt zahlreiche Kostbarkeiten, unter anderem eine Bibliothek mit mehr als 1000 Büchern. In seinem ehemaligen Landsitz überrascht ein mit Fresken verzierter Ägypten-Saal. In der Chiesa della Misericordia ist angeblich die Leichenmaske Napoleons aufbewahrt.

Oliven, Obst und Wein – all das wächst auf Elba wegen des ganzjährig milden Klimas. Die Insel bietet viele kleine Buchten, die von bizarren Felskanten geschützt sind und in denen Besucher ganz ungestört den Strand genießen können. Oft ist das Hinterland so bergig und unwegsam, dass die Buchten nur mit einem Boot erreichbar sind. Ideal für Ruhesuchende! Dazu türkisblaues Meer, auf dem kleine Fischerboote schaukeln, Berge, Wälder, Strauch- und Graslandschaften – wer sich dieses Eiland vor der Küste der Toskana ausgesucht hat, findet abwechslungsreiche Gegenden zum Wandern, Mountainbiking oder für den Badeurlaub.

SARDINIEN

Lage: 200 Kilometer westlich der italienischen Küste im Tyrrhenischen Meer
Beste Reisezeit: Mai–September
www.visitsardinien.de

Sardinien ist nach Sizilien die zweitgrößte Insel im Mittelmeer. Neben einer großartigen Natur findet man hier auch viel Kultur: Phönizier, Römer und Vandalen, Byzantiner, Araber und Pisaner, Genueser, Aragonesen, Spanier und die Italiener vom Festland hinterließen hier ihre Spuren. Aber mit ihrer eigenen Sprache und Kultur wussten die Sarden sich trotzdem zu behaupten. Der Norden mit seinen grandiosen Tauch- und Segelrevieren gilt als die beliebteste Region für Wassersportler. Hier gibt es hübsche Ortschaften mit alten, verwinkelten Stadtkernen und einer guten touristischen Infrastruktur sowie einer wildromantischen Landschaft mit pittoresken Granitfelsen und dunkler Macchia im Hinterland. Legendär ist die »Costa Smeralda«, die Smaragdküste, wo zu Beginn der 1960er-Jahre Karim Aga Khan ein exklusives Feriengebiet schuf. Aufgrund strenger Auflagen konnten Bausünden und eine achtlose Umweltzerstörung vermieden werden. Die Gebäude dürfen nicht höher als drei Stockwerke sein und müssen sich in die Landschaft einfügen. Porto Cervo ist der touristische Mittelpunkt der Costa Smeralda und hat sich als Urlaubsort des internationalen Jetsets etabliert.

Großes Bild: Die Felsformation des Capo d'Orso zählt zu den Wahrzeichen der Costa Smeralda mit ihren klaren Meeresbuchten und verwunschenen Landschaften.
Bildleiste von oben: Punta Capriccioli an der Costa Smeralda; im Süden der Insel befinden sich die Buchten von Chia; die Neptungrotte bei Capo Caccia ist eine vier Kilometer lange Tropfsteinhöhle.

CAPRI

Lage: im Golf von Neapel, von Sorrent etwa 20 Kilometer entfernt
Beste Reisezeit: April–Oktober
www.capritourism.com

Schon Kaiser Augustus und sein Nachfolger Tiberius haben auf Capri den legendären Sonnenuntergang genossen. Von Tiberius' Villa Iovis sind noch Reste erhalten. Die Insel ist mit gut sechs Kilometer Länge und nur 2,5 Kilometer Breite relativ klein. Die schroffen und teilweise bizarren Kalksteinklippen ragen bis zu 589 Meter hoch aus dem Golf von Neapel auf. An der Küste findet sich eine Reihe von Höhlen und Grotten, die durch das Absinken der Insel (etwa 15 Meter) in den letzten 2000 Jahren entstanden sind. Der Eingang der bis zu 30 Meter hohen Blauen Grotte, einer Karsthöhle, liegt nur etwa einen Meter über dem Wasserspiegel. Ihren Namen

ISCHIA

Lage: im Golf von Neapel
Beste Reisezeit: Frühling und Sommer

Das milde, mediterrane Klima sorgt für eine einzigartige Pflanzenvielfalt in traumhafter Landschaft. Wer die Blumen nicht auf einer Wanderung entdecken will, schlendert einfach durch den botanischen Garten »La Mortella«. Exotische Pflanzen und Mittelmeergewächse erfreuen dort Besucher. Ischia ist übrigens eine Thermalinsel der Antike. Im 17. Jahrhundert entdeckte man heilende Quellen wieder, die bereits die alten Griechen genutzt hatten.

Das Castello Aragonese wurde im 15. Jahrhundert von Alfonso Aragon erbaut und thront auf einem vulkanischen Felsen. Es ist durch eine 200 Meter lange Landbrücke mit Ischia verbunden.

verdankt die Grotta Azzurra dem mystisch-blauen Licht, in das sie die Sonneneinstrahlung am späten Vormittag taucht. In Marina Grande legen die Fähren vom Festland an. Der Hafen ist durch eine Zahnradbahn mit der Piazza Umberto I im Herzen des Inselstädtchens verbunden. Der Platz ist das Zentrum Capris. Die Luxusflaniermeile Via Vitt. Emanuele führt in einer Viertelstunde zu der Klosteranlage Certosa di San Giacomo und den Giardini di Augusto, einem Park mit herrlicher Aussicht über den Süden der Insel. Für einen Spaziergang zum Arco Naturale und den an der Südostspitze Capris aus dem Meer ragenden Felsnadeln Faraglioni muss man ungefähr 1,5 Stunden veranschlagen. Der Weg führt durch eine zauberhafte Gartenlandschaft.

Capri estrahlt im Abendlicht, hier vom Küstenabschnitt der Punta Campanella aus gesehen.

ISOLA DI PONZA

Lage: nahe dem italienischen Festland im Tyrrhenischen Meer
Beste Reisezeit: Sommer

Der weiße Leuchtturm sticht in den Himmel und thront über dem auf einem Plateau gewachsenen kleinen Ort. Die Häuser sind gelb, blau oder rot, violette Bougainvillea rankt an den Fassaden empor. Wer baden will, muss auf Sand verzichten: Diese Insel ist aus Stein. Wind und Brandung haben an der Küste imposante Gebilde mit glatten Flächen daraus geformt.

Dies ist wohl das schönste Panorama der Isola di Ponza: Blick über die geschützte Bucht und den kleinen Hafen, dahinter die hübschen weißen Häuser. Die Boote und Jachten liegen sicher in der Bucht vertäut.

STROMBOLI (ÄOLISCHE INSELN)

Lage: im Tyrrhenischen Meer vor der Nordküste Siziliens
Beste Reisezeit: Mai–Oktober
www.enit.de

Hollywood vor Sizilien – Stromboli ist Insel und Filmstar zugleich, aber das Eiland mit seinem Feuer spuckenden Vulkan nur als Filmkulisse zu bezeichnen würde ihm nicht gerecht werden. Der gleichnamige Film beweist es: Roberto Rossellini drehte hier 1949 mit Ingrid Bergman. Zwischen ihnen entfachte sich eine Liebesaffäre, damals ein Skandal. Ab 1950 kamen viele Besucher und wollten den Schauplatz der amourösen Dreharbeiten näher erkunden. Der Lavatourismus hält bis heute an. Kamen zuerst Italiener und Reiche, die sich eine Villa in einem der beiden kleinen Orte kauften, sind es mittlerweile Naturfreunde und Abenteurer, die den Kraterrand erklimmen und in den feurigen Schlund schauen. Denn der Vulkan ist nicht nur ein perfekter Kegel, sondern auch sehr aktiv: Etwa jede halbe Stunde stößt er aus drei Kratern glühendes Gestein in den Himmel, schwarzer Rauch steigt auf. Dann fließt die Lava den verkohlten Hang hinab ins Meer. Wer das aus der Nähe sehen will, kann nicht allein loswandern, sondern nimmt an einer geführten Trekkingtour teil. Oben angekommen, darf man 20 Minuten bleiben. Doch in dieser Zeit ist ein gigantisches Spektakel garantiert. Wie auf Kommando donnert es tief unten im Berg, dann sprüht eine Funkenfontäne heraus.

Großes Bild: Blick von Panarea auf den Stromboli im Hintergrund. Bildleiste von oben: Hübsch liegen die weißen Häuschen an Strombolis Küste. Manche sind direkt an die erkaltete Lava gebaut.

ALICUDI (ÄOLISCHE INSELN)

Lage: im Tyrrhenischen Meer vor der Nordküste Siziliens
Beste Reisezeit: Frühling und Spätsommer bis in den Herbst

Nahezu kreisrund lässt der 675 Meter hohe Vulkan Filo del' Arpa nicht viele Besiedelungsmöglichkeiten auf dem 5,2 Quadratkilometer großen Eiland. Die 100 Einwohner Alicudis leben vom Fischfang und der Landwirtschaft. Sie wohnen in dem einzigen Ort namens Alicudi Porto im Südosten und bauen Feigen, Kapern, Mandeln und Wein an. Erst seit 1990 gibt es Elektrizität und Telefonanschluss auf der Insel.

Straßen? Von wegen. Es geht zu Fuß auf Steintreppen die Hänge hinauf und hinunter. Wer viel zu tragen hat, belädt einen Esel.

FILICUDI (ÄOLISCHE INSELN)

Lage: im Tyrrhenischen Meer vor der Nordküste Siziliens
Beste Reisezeit: Frühling bis Herbst (dann ideal für Surfer)
www.enit.de

Filicudis Vulkane sind nicht mehr aktiv. Drei an der Zahl prägen die 9,5 Quadratkilometer große Insel: Der Monte Fossa delle Felci ist mit 774 Metern der höchste Gipfel, ihm folgen der Montagnola (383 Meter) und der Torrione (280 Meter). Der Legende nach soll der römische Kaiser Augustus seine Tochter Julia wegen ihres wilden Lebenswandels auf das Eiland verbannt haben.

Spektakuläre Küstenabschnitte, und viele verschiedene Grotten und kleine Orte lassen sich entdecken.

PANAREA (ÄOLISCHE INSELN)

Lage: im Tyrrhenischen Meer vor der Nordküste Siziliens
Beste Reisezeit: Sommer

Drei Dörfer haben im Südosten des 3,4 Quadratkilometer großen Eilands Platz gefunden – Panarea ist die kleinste und älteste Vulkaninsel des Liparischen Archipels. Dabei hat es streng genommen sogar seinen ganz eigenen Archipel. Um die Insel herum liegen unbewohnte, felsige Nachbarn, die alle bei einem Vulkanausbruch entstanden sind.

Panareas Farbenpracht ist einzigartig. Das Meer liegt der Insel in allen erdenklichen Blautönen zu Füßen, ihre blendend weißen Häuschen strahlen mit der Sonne um die Wette und im Hintergrund liegt der Stromboli.

SALINA (ÄOLISCHE INSELN)

Lage: zweitgrößte Äolische Insel im Tyrrhenischen Meer vor der Nordküste Siziliens
Beste Reisezeit: Frühling und Sommer

Der Hafenort Santa Marina Salina liegt an der Ostküste und ist die heimliche Inselhauptstadt. Schiffe verkehren regelmäßig zwischen Salina und den Nachbarinseln. Das Eiland hat auch Filmreifes zu bieten: Die schönsten Szenen des Films »Il Postino« wurden am Strand von Pollara gedreht. Die Bucht öffnet sich halbkreisförmig zum Meer, eine Treppe führt hinunter.

Romantik pur: Abends ist der Hafen von Salina stimmungsvoll illuminiert, und die Lichter spiegeln sich im ruhigen Wasser.

SIZILIEN

Lage: im Tyrrhenischen Meer an der Südwestspitze Italiens
Beste Reisezeit: April–Oktober

Sizilien zieht nicht nur durch seine wilde landschaftliche Schönheit, sondern auch durch sein reiches kulturelles Erbe die Besucher an. Zwar wurde die Insel durch eine Verschiebung der politischen Kräfteverhältnisse seit dem Beginn der Neuzeit an den Rand Europas gedrängt, während der Antike und des Mittelalters lag sie aber im Brennpunkt der Geschichte des Kontinents. Natürlich dominiert der Ätna die ganze Insel, und ein Ausflug auf den über 3300 Meter hohen Gipfel ist, wenn man auf den vorgegebenen Pfaden bleibt, ein ungefährliches Erlebnis.
Im Bannkreis des Ätna liegt Taormina, der meistbesuchte Ort Siziliens. Die traumhafte Hanglage auf einem Felsen hoch über dem Meer und das antike Amphitheater bescherten Taormina bereits im 19. Jahrhundert einen Gästeboom. Im 4. Jahrhundert v. Chr. gegründet, war Taormina mehr als 200 Jahre lang griechisch, ehe es schließlich im Jahr 215 v. Chr. an Rom fiel. Sehenswert ist das Teatro Greco. Neben einem Besuch von Palermo mit seinem eindrucksvollen Dom und der sehenswerten Altstadt sollte eine Besichtigung des Bischofsstädtchens Monreale auf dem Programm stehen. Höhepunkt ist die dreischiffige Basilika mit ihren einzigartigen Mosaiken. Unweit der heutigen Stadt Agrigent befindet sich das Valle dei Templi mit den imposanten Überresten einer der bedeutendsten griechischen Kolonien im Mittelmeerraum.

Großes Bild: Blick auf Castellammare del Golfo; Bildleiste von oben: der Tempel der Concordia in Agrigent; der Ätna spuckt immer wieder Asche; von Taormina blickt man auf den Ätna.

MALTA

Lage: südlich von Sizilien
Beste Reisezeit: Frühjahr und Sommer
www.visitmalta.com

Der Archipel wartet mit Zeugnissen der Megalithkultur, die sich zwischen 3600 und 2500 v. Chr. hier entwickelte, auf. Der Tempelkomplex von Hal-Tarxien und die unterirdische Grabanlage von Hal-Saflieni gelten als Höhepunkte steinzeitlicher Baukunst und stehen auf der UNESCO-Welterbeliste. Auch Valletta ist als gut erhaltene idealtypische Befestigungsstadt UNESCO-Welterbe. Sie wurde nach der Belagerung Maltas durch die Osmanen ab 1566 im Auftrag des Johanniterordens erbaut und präsentiert eine Fülle an historischen Bauten wie den 1571 errichteten Großmeisterpalast, in dem heute das maltesische Parlament und der Staatspräsident residieren. In der St. John's Co-Cathedral, einem Schmuckstück barocker Baukunst, wurden die Ordensritter bestattet. Das National Museum of Fine Arts, in einem Palast beheimatet, beeindruckt mit einer Sammlung von Gemälden italienischer und maltesischer Meister. Das Archäologische Nationalmuseum residiert in einer ehemaligen Herberge der Ordensritter und informiert über die Geschichte Maltas von der Megalithkultur bis zum Mittelalter.

Das Fort St. Angelo wacht über den Grand Harbour von Valletta.

GOZO

Lage: zweitgrößte Insel des Archipels der Republik Malta im Mittelmeer
Beste Reisezeit: Frühjahr und Sommer
www.visitmalta.com

Beinahe golden schimmert der hellbeige Kalkstein, aus dem der Platz mit all seinen umgebenden Gebäuden errichtet ist. Gharb ist wohl eines der schönsten Dörfer von Gozo. Der gesamte Ort ist eine Art Museum. Außerdem gibt es viel traditionelles Handwerk zu sehen: Schmiede- und Töpferkunst, Webereien, Glasbläser und filigrane Spitzen. Um das Dorf herum grasen Ziegen auf den Wiesen, ihre Hirten stellen den Käse noch immer in Handarbeit her. Insgesamt 14 Orte liegen auf der Insel, mehr als 31 000 Einwohner zählt das 67 Quadratkilometer große Eiland. An der Küste ragen mal Steilwände empor, mal liegen bizarre Felsformationen am Strand. Ein spektakuläres Schauspiel bietet das »Azure Window« an der Westküste: Eine Felsnase, geformt wie eine Brücke, ragt ins Meer hinaus. Bis auf einen schmalen Steg ist ihre Unterseite ausgehöhlt, als wäre dort ein großes, steinernes Tor. Wellen schäumen durch die Öffnung.

Mitten in Gharb liegt ein kleines Schmuckstück: die Kirche mit ihrem Vorplatz. Sie stammt aus dem 17. Jahrhundert und ist bis heute in ihrer ursprünglichen Form erhalten.

INSEL KRK (DALMATINISCHE INSELN)

Lage: in der Kvarnerbucht im Mittelmeer
Beste Reisezeit: Frühjahr und Sommer, Veranstaltungen im Juli und August
www.krk.hr

Dobrinj thront auf einem Hügel oberhalb der Solinebucht. Wer unter Rheuma leidet, ist hier richtig. Denn den Schlammlöchern, die unmittelbar am Weg liegen, wird heilende Wirkung nachgesagt. Eine weitere Attraktion erreichen Besucher über eine Nebenstraße: die Biserujkahöhle. Etwa 110 Meter lang ist die Tropfsteinhöhle mitten in einem flachen Karstfeld in unmittelbarer Nähe zum Meer. Die Stadt Krk selbst liegt an der Westküste und ist noch immer umgeben von den alten venezianischen Stadtmauern, und ein imposanter Wachturm dominiert das Haupttor. Ideal zum Baden ist Baška an der Südspitze. Es liegt in einem grünen Tal, das zu beiden Seiten von aufragenden Felswänden begrenzt ist. Buchten mit Strand aus Sand oder Kieseln locken ins strahlend blaue Meer. Das einstige Fischerdorf ist heute eine Touristenstadt, und trotzdem lassen sich noch romantische Plätze finden.

Von Weitem wirkt die Insel Krk kahl und schroff. Wuchernde Macchie und Karstlandschaften dominieren das Bild. Doch es gibt Schönheiten auf dem Eiland zu entdecken: beispielsweise das Dorf Dobrinj.

KORNATI-INSELN (DALMATINISCHE INSELN)

Lage: Archipel in der kroatischen Adria
Beste Reisezeit: Frühjahr und Sommer
www.kornati.hr

Es gibt keine Orte, nur ein paar kleine Fischerhäuschen irgendwo am Strand. Jedes hat seinen eigenen Bootssteg. Es gibt auch keine Hotels, kaum Restaurants und schon gar keine Nachtclubs. Handynetz? Fehlanzeige. Robinson-Feeling? Garantiert! Über 120 Inselchen gehören zu den Kornaten, die auch als »Robinson-Inseln« bekannt sind. Sie liegen im Kornati-Nationalpark südöstlich von Dugi Otok und sind ein Paradies für Naturliebhaber, Taucher und Segler. Im klaren Wasser flitzen Fische, tummeln sich Tintenfische, Muränen und kleine Haie schwimmen zum Greifen nah. Auch Korallen haben sich angesiedelt. Wer hier mit dem Boot fährt, genießt das Panorama der bizarren Felsformationen, vom Wind leer gefegten Inseln mit Karstlandschaft und einsamen Buchten, die teils nur vom Boot aus zu erreichen sind.

Wie eine Mondlandschaft glänzen die felsigen Eilande in der Sonne. Das war nicht immer so: Einst bedeckten Wälder die Kornaten, dann kamen die Römer und holzten alles ab, um ihre Flotte zu bauen. Der Boden erholte sich nicht und verkarstete, sodass alle Versuche der Bauern, Obst und Oliven anzubauen, erfolglos blieben.

BRAC (DALMATINISCHE INSELN)

Lage: vor der Küste Mitteldalmatiens nahe Split
Beste Reisezeit: Frühjahr bis Herbst

Supetar, die Inselhauptstadt von Brač, kämpfte lange gegen Piraten. Erst nach 1440 war sie nicht mehr nur ein günstig gelegener Hafen, sondern entwickelte sich zu einem Ort, der im 18. Jahrhundert auch eine Kirche bekam. Jetzt ragt die Pfarrkirche Maria Verkündigung am Ende der Bucht hervor. Supetar ist einer von fünf Küstenorten, in denen es Tourismus gibt – Brač ist bis heute eine Insel der Bauern und Fischer geblieben. Nur eine einzige Quelle versorgt das Eiland mit Trinkwasser. Touristisch ist das hügelige Hinterland für diejenigen interessant, die es still, ursprünglich und

HVAR (DALMATINISCHE INSELN)

Lage: in der Adria vor der kroatischen Küste
Beste Reisezeit: Frühjahr bis Herbst
www.hvarinfo.com

Den ersten Blick auf Hvar sollten Besucher vom Meer aus genießen. Palmen säumen die Uferpromenade am Hafen, oberhalb des Ortes ragen gleich zwei Festungen in den Himmel: Die erste ist die Burg Španjola, die »Spanische Festung«. Wie sie zu diesem Namen kam, weiß wohl niemand. Noch über ihr ist die Festung Napoleon errichtet, die während der französischen Herrschaft von 1806 bis 1812 erbaut worden ist. Der Ort hat ein autofreies Zentrum und ist mit seinen vielen Treppen in den Gassen, den Familienwappen an den Häusern und Fassaden mit ve-

ohne wirkliche Sehenswürdigkeiten mögen. Oder einfach irgendwo am Strand die Ruhe genießen wollen. Die Insel hat sich aber nicht nur ihren ursprünglichen Charme bewahrt, sondern auch ihren berühmten Hingucker: den weißen Marmor. Er ist im Weißen Haus und im Berliner Reichstag verbaut. Dabei ist das Gestein kein richtiger Marmor, sondern nur ein extrem weißer Kalksandstein. Arbeiter brauchen ihn daher auch nicht mühsam herauszuschlagen, sondern lediglich abzutragen. Schon zu römischen Zeiten gab es an der Küste Steinbrüche, Sklaven wuchteten den Sandstein in großen Blöcken auf die Schiffe für den Verkauf. Heute wird er vor allem an der Nordküste, in Pučišća, abgebaut und bearbeitet.

Die Hafenpromenade von Supetar ist von Palmen gesäumt. In den Restaurants sitzt man abends nett in der illuminierten Szenerie.

nezianisch-gotischen Fenstern ein beliebtes Touristenziel. Naturfreunde erleben ihr »lila Wunder« auf Hvar: Violette Blüten, soweit das Auge reicht, dazu wabert ein herbsüßlicher Duft durch die Luft – Lavendel. Im Juni steht die Ernte an, manchmal dürfen Feriengäste dabei helfen. Dann werden die Blumen getrocknet und in kleinen Säckchen überall auf der Insel verkauft. Doch wer denkt, dass er damit das Highlight der Insel kennt, hat noch keinen Blick in die vielen Gärten mit Zypressen, Oleander, Orangen- und Zitronenbäumen geworfen. Feigenbäume runden das toskanische Flair der viertgrößten Adriainsel ab.

Mit durchschnittlich 2718 Sonnenstunden im Jahr herrscht auf Hvar mildes Klima, das Gebirge der Nachbarinsel Brač schützt das Eiland vor dem beständig starken Wind. Dörfer und Städte liegen verträumt in den Buchten.

KORFU (IONISCHE INSELN)

Lage: vor der albanischen und griechischen Küste
Beste Reisezeit: Frühling bis Herbst

Die mit mehr als 100 000 Bewohnern bevölkerungsreichste Insel des Ionischen Archipels – von den Griechen »Kerkyra« genannt – ist lieblich grün, von sanftem Hügelland und schönen Küsten geprägt. Ihre über 100 Dörfer haben sich viel historischen Charme bewahrt, und die Inselhauptstadt, überragt von der Alten Festung und dem Turm der Spyridonkirche, gilt als eine der schönsten Städte Griechenlands. Das historische Korfu wartet mit einem reichen architektonischen Erbe auf und steht seit 2007 auf der Liste des UNESCO-Welterbes. Nicht nur die Venezianer, die über die In-

ZAKYNTHOS (IONISCHE INSELN)

Lage: vor der nordwestlichen Küste des Peloponnes
Beste Reisezeit: Frühling bis Herbst
www.zakynthos.net.gr

Die südlichste der größeren Ionischen Inseln wurde von den Venezianern einst »Blume der Levante« genannt. Die Inselhauptstadt Zakynthos trägt mit ihren marmorgepflasterten Straßen und Plätzen, Arkaden und frei stehenden Kirchtürmen noch immer deutlich venezianische Züge, obwohl sie nach einem schweren Erdbeben 1953 vollständig wieder aufgebaut werden musste. Damals überstanden nur eine Bank und die Hauptkirche die heftigen Erdstöße und die nachfolgenden Brände. Die weite Bucht von Laganas ist zum Meeresnatio-

sel herrschten, sondern auch die Franzosen und Briten haben das Stadtbild geprägt. Der neoklassizistische Palace of St. Michael and St. George erinnert an die Zeit, als Korfu Protektorat des British Empire war (1814–1864). Auf der dem albanischen und griechischen Festland zugewandten Ostseite sind die Kiesstrände lang und schmal. Lange Sandstrände säumen die Nordküste. Zum offenen Meer hin ist das Ufer meist felsig, viele Sandstrände ziehen sich hier unter dem Steilufer entlang oder liegen zwischen bizarren Felsformationen. Zwei kleine Schlösser schmücken die Insel: Im Schloss Mon Repos wurde der britische Prinzgemahl Philip geboren, im Schloss Achillio verbrachte Kaiserin Sisi viele Urlaube.

Das Eiland Vlacherna mit seinem kleinen Nonnenkloster ist Korfu vorgelagert und über einen Damm erreichbar.

nalpark ernannt worden, an ihren Stränden legen große Meerschildkröten, die Karettschildkröten, ihre Eier ab. Sie werden bis zu 180 Kilogramm schwer, sind aber unglücklicherweise vom Aussterben bedroht. Bei Keri entspringt noch immer flüssiges Pech aus Erdquellen, das bis vor Kurzem zum Kalfatern von Booten genutzt werden konnte. Touristische Hauptattraktion ist die Blaue Höhle, die der von Capri in ihren Lichteffekten nicht nachsteht und auf einer schönen Bootstour angesteuert werden kann.

Der Shipwreck Beach bei Anafonitria im Nordwesten der Insel ist nur per Boot zu erreichen. Wer möchte, kann die Szenerie auch aus etwa 200 Meter Höhe betrachten. Schmuggler beluden das Schiff einst mit Tabak und Alkohol, und als sie die Küstenwache sahen, setzten sie es in Brand, es strandete und liegt bis heute an dieser Stelle.

MYKONOS (ÄGÄISCHE INSELN)

Lage: nordwestliche Kykladeninsel
Beste Reisezeit: Mai–September
www.mykonos.gr

Nirgendwo sonst lässt sich die für die Region typische Architektur besser studieren als hier. Von Weitem scheint Mykonos-Stadt nichts als ein am Hang erbautes Ensemble weiß gekalkter Häuschen zu sein. Aus der Nähe betrachtet entpuppt es sich als Gewirr ineinander verschachtelter putziger kleiner Häuschen, das von einem labyrinthischen Netz aus engen kopfsteingepflasterten Gassen, Treppen und Durchgängen durchzogen wird. Überall sorgen leuchtend blau, türkis oder rot gestrichene Fensterläden und Türen sowie über und über mit Blumen geschmückte Balkone für farbige Akzente in dem sonst fast blendend weißen Häusermeer. Besonders in den Sommermonaten verwandelt sich diese Idylle geradezu in eine Partyzone. Mykonos Chora, wie der Hauptort der Insel im Griechischen genannt wird, ist dann ein Treffpunkt für Touristen aus aller Welt. An der Hafenpromenade herrscht ein fast babylonisches Sprachengewirr. Die vielen Tavernen, Bars und Restaurants der Stadt haben bis spät in die Nacht geöffnet, und in den Discos wird bis in die frühen Morgenstunden getanzt.

Die Windmühlen und die weiß gekalkten Häuschen sind das Wahrzeichen der Insel.

DELOS (ÄGÄISCHE INSELN)

Lage: südwestlich von Mykonos
Beste Reisezeit: Mai–September
www.mykonos.gr

Die nur 3,6 Quadratkilometer große, karge Nachbarinsel von Mykonos beherbergt eine der wichtigsten Ruinenstätten Griechenlands und steht deshalb auf der UNESCO-Weltkulturerbeliste. In den Apollon-Heiligtümern und den Wohnhäusern, die seit 1872 auf dem Gelände freigelegt wurden, spiegelt sich die Kulturgeschichte des antiken Griechenlands von der Archaik über die Klassik bis in die römische und hellenistische Zeit. Berühmt ist die aus dem 7. Jahrhundert stammende Löwenterrasse. Die noch vorhandenen Originale wurden durch Kopien ersetzt und sind heute in einem dem Ausgrabungsgelände angeschlossenen Museum ausgestellt. Als Geburtsstätte der Artemis und des Apollon war Delos ein heiliger Ort, der hinsichtlich seiner kultischen Bedeutung Delphi und Olympia in nichts nachstand. Zwischen 477 und 454 v. Chr. wurde hier die Bundeskasse des Attisch-Delischen Seebundes, den 200 griechische Städte und Inseln im Kampf gegen die Perser geschlossen hatten, aufbewahrt. Delos wurde eine politische Macht. Als Perikles die Kasse nach Athen überführen ließ, verlor die Insel an Bedeutung.

Fußbodenmosaik: Dionysos kämpft mit dem Leoparden.

SANTORIN (ÄGÄISCHE INSELN)

Lage: nördlich von Kreta auf der Höhe von Heraklion
Beste Reisezeit: Mai–September

Die Ansichten der hoch über dem azurblauen Meer auf scharfkantigen Felsen thronenden und in der Sonne leuchtenden, schneeweißen Häuser von Santorin faszinieren alle Besucher und wecken Sehnsüchte. Ohne Zweifel haben diese Perspektiven die Vorstellungen von der Ägäis als einer Region der Helligkeit und des Lichts für immer geprägt. Schon die Anfahrt ist ein Erlebnis: Man gleitet durch einen Einsturzkrater, den ein aktiver Feuerberg bei einem Ausbruch vor 3600 Jahren zurückließ. Dadurch wurde eine ansteigende Insel zerstört, die im Meer versank. Im Zuge der Entleerung der Magmakammern während des Ausbruchs bildeten sich unterirdische Hohlräume, die das Eiland einstürzen ließen. Der Krater wurde geflutet, und nur Teile des Randes ragen heute aus dem Meer und bilden den Archipel von Santorin. Vom Schiff gelangen die Besucher mit einer Seilbahn, über einen Serpentinenweg zu Fuß oder auf dem Rücken eines Maultiers in die 300 Meter über dem Meer in den Steilhang des Kraters gebaute Stadt. Dank der Weitsicht der Verantwortlichen wurde Thira nach dem schweren Erdbeben von 1956 im Stil traditioneller lokaler Bauformen wieder aufgebaut. In hellen Pastelltönen gestrichene Häuser, die ineinander ver-

schachtelt scheinen und durch Treppen, Terrassen oder Höfe miteinander verbunden sind, verleihen der Stadt ihr unverwechselbares Gesicht. Im Zentrum des Städtchens herrscht fast immer reges Treiben. Hier reiht sich Bar an Bar und Restaurant an Restaurant. Die Geschäfte bieten lokales Kunsthandwerk, Schmuck, Kleidung und kulinarische Köstlichkeiten an. Wer dem Rummel entgehen möchte, kann den Kraterrandweg entlang, wandern. Er führt aus der Stadt nach Norden bis in den kleinen Ort Oia und gewährt spektakuläre Ausblicke auf das in der Sonne glitzernde Meer und die in allen Erdfarben leuchtenden Kraterwände. Ganz im Süden der Insel wurde eine bronzezeitliche Siedlung entdeckt, die vermutlich bei dem Vulkanausbruch von 1600 v. Chr. mit einer dicken Ascheschicht überzogen und dadurch konserviert wurde. Die stattlichen, mit kunstvollen Fresken geschmückten Gebäude, die auf dem Gelände von Akrotiri gefunden wurden, belegen, dass hier vor der Katastrophe Träger einer frühen Hochkultur lebten. Forscher nehmen an, dass die Menschen durch die der Eruption vorausgehenden Erdbeben gewarnt wurden und die Insel rechtzeitig verlassen konnten.

Ob man nun von der Insel ins tiefblaue Meer schaut oder vom Schiff auf die Insel – jeder Blick ist ein Erlebnis.

PATMOS (ÄGÄISCHE INSELN)

Lage: südlich von Samos gelegen
Beste Reisezeit: Sommer und Herbst
www.patmos.com

Das hoch über der Altstadt, dem Hauptort Chora, gelegene Kloster aus dem frühen 11. Jahrhundert wurde in seiner jetzigen Form erst im 17. Jahrhundert errichtet. Im Altertum hatte sich an diesem Ort ein Tempel der Artemis befunden. Die heutige Anlage besteht aus dunklem Gestein und wirkt mit ihren Türmen mehr wie eine Burg denn wie ein Kloster. Sehenswert sind der Innenhof mit seinen noch gut erhaltenen Fresken, die Bibliothek sowie die im Klostermuseum ausgestellten Exponate aus der Schatzkammer. Zu den wertvollen Ausstellungsstücken gehört die zwei Meter lange Stiftungsurkunde des Klosters des heiligen Johannes von 1088. Seit der Gründung war es ein Pilgerzentrum, und bis zur Mitte des 16. Jahrhunderts, als die Türken die Herrschaft über die Insel erlangten, bildete das Kloster den Mittelpunkt eines Mönchsstaats. Die religiösen Zeremonien haben sich seit frühchristlicher Zeit wenig geändert. Die Höhle, in der der heilige Johannes die Apokalypse aufgeschrieben haben soll, wurde zur Kirche ausgebaut.

Doch Patmos hat nicht nur klösterliche Kunst zu bieten, sondern auch schöne Buchten, etwa die Livadi Geranos Bay.

RHODOS (ÄGÄISCHE INSELN)

Lage: südlich vor der lykischen Küste
Beste Reisezeit: Frühling bis Herbst
www.rhodestravels.com

Viele Herrscher sah die Hauptinsel der Dodekanesgruppe, die zu den südlichen Sporaden gehört, kommen und gehen: Mit Alexander dem Großen wurde die schon früh besiedelte Insel makedonisch, danach unabhängig, dann byzantinisch. Seit 1310 stand Rhodos unter der Herrschaft des Johanniterordens, 1523 gelangte sie unter osmanische Kontrolle. Die türkische Herrschaft währte bis zum Jahr 1912, als Italien die Insel eroberte und bis 1943 besetzte. Erst seit dem Jahr 1948 gehört die Insel zu Griechenland. Ihr heutiges Gesicht verdankt Rhodos-Stadt den Kreuzfahrern. Das architektonische Erbe der Altstadt von Rhodos wird von mittelalterlichen Bauwerken aus der Zeit der Johanniterherrschaft, aber auch von Monumenten der osmanischen Besatzungszeit geprägt und steht auf der UNESCO-Weltkulturerbeliste. Die Ritterstraße ist das Beispiel einer Straße des 15. Jahrhunderts. Um sie herum liegen die »Herbergen«, die Versammlungshäuser der Ritterschaften.

Die Vagies-Bucht nahe Faliraki wird meist als Anthony-Quinn-Bucht bezeichnet, denn hier wurde 1964 der Film »Alexis Sorbas« gedreht.

KRETA

Lage: 150 Kilometer südlich des griechischen Festlands
Beste Reisezeit: Frühling bis Herbst
www.kreta.org

Kreta lässt sich zweiteilen: Der Westen wird vom fast 2500 Meter hohen Gebirgsmassiv der Weißen Berge, der »Lefká Ori«, geprägt. Sie bilden die im Winter schneebedeckte Kulisse für die zweit- und drittgrößte Inselstadt, Chania und Rethymno. Vier Halbinseln, von denen die beiden westlichsten noch immer nahezu unbesiedelt sind, umrahmen weite Buchten, und an den Hängen des Gebirges gehen Olivenhaine und Weingärten in Kastanien- und Nadelwälder über. Aus der Altstadt von Rethymno ragen die Minarette mehrerer Moscheen auf, und an den engen Gassen von Chania stehen venezianische Adelspaläste. Hohe Dünen säumen das sandige Ufer bei Falasarna an der Westküste, wo die flache Lagune von Elafonisos mit ihrem in allen Blau- und Türkistönen schimmernden Wasser fast an die Südsee erinnert. Im Osten Kretas bilden Agios Nikolaos und Sitia das Pendant zu Retymno und Chania im Westen. In minoischer Zeit lagen hier mit Malia und Kato Zakros zwei bedeutende Palastzentren, mit Gournia und Palekastro die beiden einzigen minoischen Städte ohne Palast. Zwischen Iraklio und Malia erstrecken sich die touristisch erschlossenen Sandstrände Kretas. Im äußersten Osten locken der Palmenstrand von Vai, Fels-Cañyons und rötliches Gestein. Knossos, nahe Iraklio, gilt als bedeutende minoische Ausgrabungsstätte.

Großes Bild: Iraklios Fischerhafen mit dem venezianischen Kastell. Bildleiste von oben: Sitia, im Osten von Kreta; Königsthron des Minos und minoisches »Stierspringer«-Fresko im Palast von Knossos.

ZYPERN

Lage: im östlichen Mittelmeer
Beste Reisezeit: Mai–November, Juli und August mit etwa 37 Grad sehr heiß
www.visitzypern.de

Hier soll sie einst den Wellen entstiegen sein, Aphrodite, die griechische Göttin der Schönheit und Liebe. Als Tochter des Uranos wird sie die »Schaumgeborene« genannt. Kronos, Sohn des Uranos, hatte seinem Vater die Geschlechtsteile abgeschnitten und ins Meer geworfen. Dort vermischte sich schäumend seine Zeugungskraft mit dem Ozean, aus dem dann Aphrodite entstand und in einer Bucht nahe Paphos im Südwesten Zyperns aus den Wellen herauskam. Die Schöne, die im Lateinischen Venus heißt und in der gleichnamigen Muschel steht, hat Sandro Botticelli festgehalten: in seinem weltberühmten Gemälde »Die Geburt der Venus«, das heute in den Uffizien in Florenz hängt.

Eine Schönheit ist dagegen real: die Natur. Zypern ist die waldreichste Insel im Mittelmeer, das ganzjährig warme, mediterrane Klima sorgt für eine artenreiche Flora. Auch das nutzten die Bewohner schon in der Antike. Sie bauten Wein und Olivenbäume an, mit dem Getreide konnten sie ihren gesamten Bedarf decken. Obwohl viele Bäume für den Schiffsbau gefällt wurden, findet sich auch heute noch endemischer Wald aus Eichen, Zedern, Kiefern, Platanen und Pinien. Anemonen,

Narzissen, Klatschmohn und viele andere Blütenpflanzen tauchen die Insel im Frühling in ein Farbenmeer. Für strahlendes Pink, Violett und leuchtendes Rot sorgt die ganzjährig blühende Bougainvillea, die überall in Gärten, an Hauswänden und wild in der Landschaft wächst. Die seit 1974 geteilte Insel – die Nordhälfte Zyperns gehört zur Türkei – lockt aber nicht nur mit Natur. Lebendige, quirlige Städte, kleine Dörfer, archäologische Ausgrabungsstätten mit beeindruckenden Funden wie Mosaiken und Säulen sowie abgeschieden liegende Klöster – wer sich auf Erkundungstour begibt, wird viel Historie entdecken. Und braucht dabei auf modernen Komfort nicht zu verzichten. Luxuriöse Hotels mit Golfplätzen laden zu entspanntem Urlaub ein. Eines von ihnen hat sich den Hotspot der Schönheit gleich gesichert: das »Aphrodite Hills« in Kouklia macht in seinem preisgekrönten Wellnessbereich aus jeder Besucherin eine Beauty-Queen und sorgt mit einheimischen, naturbelassenen Produkten für Wohlfühlen à la Aphrodite.

Idyllisch liegt der Strand von Kouklia, etwa 20 Kilometer von Paphos entfernt. Vor dem Hintergrund der atemberaubenden Kulissen der Steilküste, plätschern sanfte Wellen an einsame Kiesstrände. Vor ihnen liegen von Wind und Wasser zerfurchte Steine im Meer: »Pétra tou Romioú«, die »Felsen der Romäer«.

PRINZENINSELN (MARMARAMEER)

Lage: südöstlich von Istanbul im Marmarameer
Beste Reisezeit: Mai–Juni und September–Oktober

Einst lebten auf den Prinzeninseln nur Möwen, Mönche und Fischer. Ihren romantischen Namen verdanken sie einem barbarischen Brauch aus byzantinischer Zeit: Nachgeborene Prinzen wurden auf den damals einsamen Archipel verbannt, damit sie dem Thronfolger nicht gefährlich werden konnten. Dann kamen die Dampfschiffe und mit ihnen reiche Istanbuler, die ihre Sommerresidenzen hier errichteten, prachtvolle Holzhäuser mit weißen Säulen, ausladenden Veranden und Balkonen. Acht Seemeilen vom turbulenten Istanbul entfernt liegt das Paradies: einsame Buchten, duftende Pinienwälder, Oleanderhaine und Stille. Der türkische Staatsgründer Atatürk persönlich hat hier Autos verboten. Die Menschen fahren mit der Pferdekutsche. Einen Weg allerdings gehen alle zu Fuß, den Aufstieg zur Wallfahrtskirche Hagios Georgios. Nur wer die steile Straße selbst, schweigend, barfuß und ohne sich umzublicken, hinaufklettert, darf sich etwas wünschen.

Prinzeninseln heißen die neun Eilande, die nebeneinander im Marmarameer liegen. »Büyük Ada«, bedeutet auf Deutsch »Große Insel«, und mit fünfeinhalb Quadratkilometern ist sie das auch.

INSEL KEKOVA

Lage: an der lykischen Küste, zwischen Myra/Demre und Kas
Beste Reisezeit: Mai–Juni und September–Oktober

Eine Steintreppe führt direkt ins Meer, ihre Stufen sind unter der Wasseroberfläche gut zu erkennen. Daneben ruhen Ruinen von Häusern, Plätzen und Straßen auf dem Grund, sogar eine Amphore ist dabei. Ein unheimliches Gefühl beschleicht die Besucher, wenn sie die Fragmente menschlicher Zivilisation durch das glasklare Wasser bestaunen. Erdbeben suchen diese Gegend immer wieder heim, und im 2. Jahrhundert war eines so heftig, dass die Stadt Apollonia, an der Nordseite der Insel, mit einem gewaltigen Rutsch in den Fluten verschwand. Schwimmen, Schnorcheln und Tauchen sind in der versunkenen Stadt verboten, da zu viele Souvenierjäger die historische Stätte geplündert haben. Aber nicht nur der Blick nach unten lohnt. Gegenüber von Kekova erhebt sich die hügelige Küste gen Himmel, grüne Büsche durchbrechen das Steingrau, und auf einer Kuppe beherrscht die byzantinische Festung von Simena das Bild.

Sanft schaukelt der Zweimaster im klaren Wasser in einer geschützten Bucht vor der Insel Kekova an der türkischen Südküste. An Deck laden Polster zum Sonnenbaden ein, und die Kulisse verführt zum Träumen.

Die beliebte Maya Bay auf Ko Phi Phi hat alles, was man mit einem Traumurlaub verbindet: türkisblaues Wasser, weißen feinen Sand und einen üppigen Tropenwald, der bis an den Strand reicht. Eingefasst von bewachsenen, steilen Felsformationen wirkt die Szenerie ruhig und beschaulich. Tagsüber kommen aber viele Ausflügler per Boot zum Schnorcheln und Baden.

LAKKADIVEN

Lage: Archipel im Indischen Ozean 330 km vor der Küste Keralas
Beste Reisezeit: November–April

Richard Gere kommt schon lange hierher, außerdem einige reiche Inder. Der Tourismus hat sich auf den Lakkadiven bislang noch nicht so richtig entwickelt, kaum mehr Gäste als ein paar Kurzurlauber schaukeln mit kleinen Booten zu den Inseln. Die liegen vor Kerala an der Südküste Indiens und sind allesamt landschaftliche Perlen: Glasklares Wasser, Korallenriffe, in denen Tausende glitzernd-bunte Fische leben, schwerelos durchs Meer gleitende Schildkröten, Puderzuckerstrände und dicke Kokosnüsse an den Palmen – willkommen im Paradies. Die 36 Eilande des Lakkadivenarchipels lassen sich am besten per Boot und ihre Unterwasserwelt beim Tauchen erkunden. Neun Inseln sind bewohnt, auf dreien gibt es Hotels. Ein Fünfsterne-Resort mit Bungalows, Ayurvedamassagen und eine Tauchschule bietet die ansonsten fast unbewohnte Insel Bangaram. Überwiegend sind die Unterkünfte eher einfach ausgestattet, hier geht es um Ruhe und ums »Nicht-erreichbar-Sein« anstatt um größtmöglichen Komfort oder gar Luxus. Abgesehen davon, dass es mittlerweile Handyempfang gibt, scheint die Zeit hier stehen geblieben zu sein. Die Menschen leben vom Fischfang, fahren frühmorgens mit ihren Holzbooten aufs Meer und verkaufen dann nach ihrer Rückkehr den frischen Fang.

Weit hinten am Horizont treffen sich der hellblaue Himmel und der türkisfarbene Ozean. Dazwischen liegen winzige Paradiese, einfach hingestreut ins Meer. Strände aus feinstem weißem Sand, Palmen mit sattgrünen Blättern, dazu das leise Plätschern der Wellen – welch eine Inselidylle!

ANDAMANEN UND NIKOBAREN

Lage: Inselgruppe im Golf von Bengalen
Beste Reisezeit: Oktober–April; November–Dezember sind Monsunmonate

Dichter Dschungel, weiße Strände und kristallklares Wasser mit einer fantastischen Unterwasserwelt – damit punkten diese Eilande. Seltene Vögel haben hier ihre Refugien, Naturfreunde, Taucher und Ornithologen entdecken Flora und Fauna in ursprünglicher Gestalt – ein Paradies. Dabei versuchten Hunderte Missionare im 17. und 18. Jahrhundert, die Ureinwohner zum christlichen Glauben zu bekehren. Doch dies misslang. Als die Briten kamen, errichteten sie 1858 eine Sträflingskolonie, das alte Gefängnis ist noch heute in Port Blair zu sehen. Es ist ein Relikt einer bewegten Vergangenheit der einstigen Kolonialmacht, die bis 1945 politische Gegner und indische Freiheitskämpfer hierher deportierte. Den Siedlern haben sich die Ureinwohner zwar auf beiden Inselgruppen mittlerweile angenähert, Touristen dürfen allerdings lediglich auf die Andamanen reisen – mit einem Visum selbstverständlich. Die Bewohner allerdings bleiben auf Distanz zur Zivilisation. Die Andamanen sind auch heute noch sehr unberührte Inseln. Ihre Einwohner leben fast ausschließlich von Jagd und Fischfang sowie vereinzelt auch von der Landwirtschaft. Sie züchten Schweine, bauen Reis an und kultivieren kokosplantagen. Der Tsunami im Jahr 2004 überflutete viele der Inseln, etwa ein Drittel der Menschen kam ums Leben.

Beinahe verträumt trottet der Elefant durch den Wald, dabei ist er zum Arbeiten hier. Traditionell werden die Dickhäuter auf diesen Inseln als Lasttiere eingesetzt.

SRI LANKA

Lage: vor der Südspitze Indiens
Beste Reisezeit: November–April, je nach Gegend auch Februar–Juli
www.srilankatourism.org

Der tropische Inselstaat liegt nur wenige Breitengrade nördlich des Äquators südlich von Indien, mit dem er über die Adam's Bridge vor 6000 Jahren vermutlich noch verbunden war. Das zentrale Hochland mit Bergen von über 2500 Meter Höhe, bekannt für den Teeanbau als Relikt aus britischer Kolonialzeit, teilt die Insel klimatisch. Während der Südwesten ein immerfeuchtes Monsunklima aufweist, herrscht im Nordosten ein wechselfeuchtes Klima mit einer ausgeprägten Trockenperiode vor. Die Insel fasziniert ihre Besucher mit Kulturdenkmälern, ausgewiesen auf der UNESCO-Welterbeliste, und tropischem Bergregenwald im Naturschutzgebiet Sinharajawald, der ebenfalls unter dem Schutz der UNESCO steht. Am »Löwenfelsen« errichteten die Könige von Anuradhapura ihre Bergfeste und Hauptstadt, die heutige Ruinenstadt Sigiriya. Die gegen Ende des 5. Jahrhunderts fertiggestellte Anlage im Zentrum der Insel ist ein Zeugnis für den Stand von Kunst und Technik im Sri Lanka der Frühzeit. Einst begann der Weg zum Gipfel am Löwentor, von dem heute nur noch die Pranken erhalten sind. Die Zitadelle selbst existiert ebenfalls nur in Ruinen. Die Reste der Hallen, Bäder, Brücken, Gärten und Spring-

brunnen sind aber noch gut zu erkennen. Die fünf Höhlentempel von Dambulla im Zentrum von Sri Lanka mit ihren ungezählten Statuen und Wandmalereien gehen auf die Anfänge des sri-lankischen Buddhismus zurück. Die erste von drei nachweisbaren Schaffensperioden am Hang des »Schwarzen Felsens« begann im frühen 1. Jahrhundert v. Chr. unter König Vattagamani Abhaya, der vor der zweiten großen Tamileninvasion geflohen war und während seines 14-jährigen Exils hier am Granitfelsen Unterschlupf fand. Danach geriet das Heiligtum in Vergessenheit. Erst im 12. Jahrhundert wurde es wiederentdeckt. Insgesamt befinden sich 154 Buddhastatuen in den reich ausgeschmückten Höhlentempeln von Dambulla. Die mittelalterliche Königsresidenz Polonnaruwa im nördlichen Teil des zentralen Sri Lanka umfasst bedeutende Bauwerke und hervorragende Beispiele singhalesischer Bildhauerkunst. Weltberühmt sind die Monumentalstatuen Buddhas. Schließlich wurde Polonnaruwa im 13. Jahrhundert aufgegeben und verfiel, doch längst sind die bedeutenden Sehenswürdigkeiten wieder freigelegt. Auch die Altstadt und Festung von Galle lohnen einen Besuch; die Geschichte der Hafenstadt ist von den architektonischen Spuren der Kolonialisierung geprägt.

Nach den Besichtigungen bieten die schönen Strände Erholung.

MALEDIVEN

Lage: im Indischen Ozean
Beste Reisezeit: Oktober–März
www.visitmaledives.com

Sicherlich jeder träumte schon von den palmenbewachsenen kleinen Inseln inmitten eines strahlend blauen Meeres. Der zumeist ruhige Indische Ozean und die konstanten Luft- und Wassertemperaturen locken viele Besucher an. Seit sich der Inselstaat im Indischen Ozean zu Beginn der 1970er-Jahre für den Tourismus öffnete, ist er zu einem Sehnsuchtsziel für stressgeplagte Menschen aus aller Welt geworden. Die Malediven bieten alles, was zu einem Traumurlaub unter der tropischen Sonne dazugehört. Jedes der nur wenige Quadratkilometer großen Eilande scheint ein Garten Eden mit Palmenwald, makellosem weißen Sandstrand und einem in hellem Türkis schillernden Meer zu sein. Die 26 Atolle, aus denen die Malediven bestehen, sind ein Schnorchler- und Taucherparadies. Die Unterwasserwelt der Korallenriffe in den Lagunen und an der Außenseite der Atolle ist einzigartig, der Artenreichtum groß. Dennoch ist dieser submaritime Lebensraum in seinem Bestand gefährdet und wie das ganze Inselreich durch den Klimawandel vom Untergang bedroht. Die Regierung der Malediven entschloss sich deshalb im Oktober 2009 zu einer weltweit Aufsehen erregenden Protestaktion und hielt eine Kabinettssitzung unter Wasser

ab. Hier wurde ein Dokument unterzeichnet, in dem zur Verringerung des weltweiten CO_2-Ausstoßes aufgerufen wird. Der Inselstaat, dessen höchste Erhebung nur gut zwei Meter über dem Meeresspiegel liegt, müsste einen klimabedingten Anstieg des Meeresspiegels um bis zu einem halben Meter bis zum Jahr 2100 im wahrsten Sinne des Wortes ausbaden. Viele Inseln wären damit dem Untergang geweiht, rund 400 000 Menschen würden ihre Heimat verlieren. Die Regierung unternimmt Anstrengungen, Land für die potenziellen Klimaflüchtlinge zu erwerben. Außerdem soll der Tourismus auf den Inseln umweltverträglicher gestaltet werden. 220 der mehr als 1200 Inseln des Archipels sind von Einheimischen bewohnt und nur mit besonderer Genehmigung zugänglich. Die Touristen aus aller Welt werden in den oft von großen Reiseveranstaltern betriebenen Ferienresorts auf einer der fast 100 Hotelinseln untergebracht. Die Kapitale der Malediven, Male, erstreckt sich über die gesamte gleichnamige Insel und kann mit schönen Moscheen, dem sehenswerten Nationalmuseum sowie einigen quirligen und bunten Märkten aufwarten.

Trauminseln und Wunschziel gleichzeitig: Die Inselwelt des Indischen Ozeans weist sehr viele kleine und ganz besonders kleine Inseln auf.

LANTAU

Lage: größte Insel Hongkongs gegenüber der Perlflussmündung im Südchinesischen Meer
Beste Reisezeit: Oktober–Dezember und März–April
www.plm.org.hk

Wer bei Hongkong nur an Menschenmassen und Großstadtgetümmel denkt, sollte einen Ausflug nach Lantau machen. Hongkongs größte Insel liegt an der Mündung des Perlflusses – einst wichtiger Handelsweg der Europäer. Dünn besiedelt, ist das grüne Bergland sogar in vielen Gegenden unbewohnt. Etwa die Hälfte des rund 140 Quadratkilometer großen Eilands steht unter Schutz und ist zum Nationalpark erklärt. Ein beinahe meditatives Erlebnis ist daher der Anstieg auf den 934 Meter hohen Lantau Peak, den höchsten Berg der Insel. Von dort führt ein Wanderweg zum Kloster

HAINAN

Lage: an der Südküste Chinas im Südchinesischen Meer
Beste Reisezeit: November–März
www.hainan-china.de

Die Tropeninsel Hainan ist der südlichste Außenposten Chinas, und vor tausend Jahren glaubten die Chinesen noch, dass die Welt hier ende. Das Eiland präsentiert sich gern als Hawaii des Fernen Ostens. Es liegt fast auf demselben Breitengrad wie das amerikanische Vorbild, und Urwald, Palmen, Wassertemperatur, Strandbreite und Beschaffenheit sind ähnlich. Sogar die obligatorischen Hawaiihemden gibt es, und Reisegruppen – vor allem asiatische – laufen im gleich gemusterten, knallbunten Outfit herum. Obwohl auch viele chinesische Touristen Hainan besuchen, halten sie sich kaum an den feinsandigen Stränden auf und erst recht nicht im kristall-

Po Lin, das in einer Höhe von 460 Metern errichtet wurde. Hier ist es mit der Ruhe und Einkehr vorbei, denn der Sakralbau ist heute ein beliebtes Ausflugsziel für Einheimische und Gäste. Eine Seilbahn fährt hinauf, auch ein Restaurant gibt es dort. Noch mehr Trubel herrscht in vielbesuchten Disneyland. 2005 eröffnete der Vergnügungs- und Themenpark im Osten Lantaus, und schon beim ersten Schritt hinein landen die Besucher in einer rosaroten Welt der guten Laune. Kontrastprogramm: Im Westen liegt das alte, traditionelle Fischerdorf Tai O.

Die Landschaft um das Po-Lin-Kloster ist bergig und dicht bewaldet. Größte Attraktion der heiligen Stätte ist der Tian-Tan-Buddha. Die bronzene Statue ist 34 Meter hoch und wiegt 250 Tonnen. Diese Kombination aus sakraler Kunst und Spitzentechnologie wurde 1993 eingeweiht.

klaren Wasser. Denn makellos weiße, ungebräunte Haut gilt in China als schön. Beliebt sind Ausflüge ins Landesinnere zu den Ureinwohnern, dem Volk der Li. Im Gegensatz zu den Gästen der Luxushotels an der Küste leben sie noch ganz archaisch in Strohhütten; sie glauben an Geister und gehen heute noch mit Pfeil und Bogen auf die Jagd.

Sanya ist nach der Inselhauptstadt Haikou die zweitgrößte Stadt und liegt im Süden von Hainan. Die quirlige Metropole bietet Belustigungen und Unterhaltung aller Art, auch die bei Chinesen besonders beliebten Karaokebars. Abseits der großen Hotels warten kleine Gassen mit Garküchen, Tee- und Gewürzläden. Es ist ein kleines Abenteuer, bei den Einheimischen mit Händen und Füßen einzukaufen. Erstaunlicherweise klappt das immer, denn die Menschen sind sehr freundlich.

TAIWAN

Lage: vor der Südostküste Chinas im Westpazifik
Beste Reisezeit: Oktober–November und März–April
www.taiwantourismus.de
www.go2taiwan.net

»Ilha Formosa«, schöne Insel, sollen die portugiesischen Seefahrer gerufen haben, als sich der Nebel über den Gipfeln Taiwans das erste Mal lichtete. Zwei Drittel der Insel bestehen aus Bergen mit mehr als 293 Dreitausendern, der höchste ist der 3952 Meter hohe Mount Yushan. Kein Wunder, dass sich die 23 Millionen Einwohner des Inselstaats, der etwa so groß wie Baden-Württemberg ist, in den Häusermeeren der Städte drängen. In der Hauptstadt Taipeh und im Einzugsgebiet leben rund sechs Millionen Menschen. Am Abend amüsieren sie sich in gigantischen Shoppingmalls oder auf wuseligen Nachtmärkten, wo Händler nachgemachte Markenhandtaschen und Designerkleidung verkaufen. Daneben gibt es Mittel, die die Potenz steigern sollen: mit undefinierbaren Kräutern verfeinertes Schlangenblut, eingelegte Schildkröteninnereien oder pulverisierte Nashornknochen. Eines fällt auf: Die Menschen sind bei allem, was sie tun, stets freundlich und ehrlich. Land des Lächelns wird Taiwan auch genannt. Sattgrüne Regenwälder, perlmuttfarbene, palmengesäumte Sandstrände aber auch die zerklüftete Küsten sind mit

dem Hochgeschwindigkeitszug von der Hauptstadt aus in höchstens zwei Stunden erreichbar. Taiwan ist das etwas andere China. General Chiang Kai-shek ist nach dem verlorenen Bürgerkrieg gegen Mao Tsetung hierher geflüchtet und hat 1949 die Republic of China (R.O.C.) gegründet. Das chinesische Mutterland sieht in der Insel immer noch eine abtrünnige Provinz, und das Verhältnis ist gespannt. »Wandel durch Versöhnung« heißt die Strategie der Annäherung.Über zwei Millionen Menschen leben in Kaohsiung an der Südwestküste, und in den Straßen pulsiert das Leben: Die Garküchenbetreiber preisen laut rufend ihre Spezialitäten an. Kochen ist auf Taiwan kein Handwerk, sondern Kunst und die taiwanesische Küche ist ganz besonders gut.

Bei Tsoying, unweit von Kaohsiung, glitzert die riesige Wasserfläche des 42 Hektar großen und künstlich angelegten Lotus-Sees in der Sonne. Zahlreiche Tempel sind ins Wasser gebaut und durch Zickzackbrücken mit dem Ufer verbunden. So bleiben böse Geister schön draußen, denn diese können nur geradeaus gehen.
Zu den schönsten Bauten gehören der Frühlings- und Herbstpavillon. Innere Ruhe und eine gewisse Gleichmut gegenüber den Tücken des Lebens legen sich über Besucher, wenn sie durch die farbenfrohen Gebäude streifen.

JEJU-DO

Lage: Südkoreas größte Insel liegt südlich der Koreanischen Halbinsel
Beste Reisezeit: September–November
www.german.visitkorea.or.kr

Jeju-dos alter Name ist Samda-do. Er bedeutet: Insel, die reich an drei Dingen ist: an Frauen, Steinen und Wind. Früher lebten mehr Frauen als Männer auf der Insel. Die Männer arbeiteten als Fischer, und viele ertranken. Bis heute gelten die Haenyos, die Seefrauen, als Jeju-dos lebende Wahrzeichen: Taucherinnen, die am Meeresgrund Muscheln, Schnecken oder Seetang ernten. Bis zu vier Minuten können sie unter Wasser bleiben und 20 Meter tief tauchen – ohne künstlichen Sauerstoff. Kommen sie wieder nach oben, atmen sie durch gespitzte Lippen die angehaltene Luft aus. Das »Sumbisori« ertönt, ein rhythmisches Pfeifen ähnlich dem einer alten Dampflok.
Steine gibt es auf der Vulkaninsel in allen Variationen: schwarzes, bizarr geformtes Lavagestein, das an die Werke von Dalí, Miró oder Picasso erinnert. Hallasan, ein erloschener Vulkan und mit 1950 Metern der höchste Berg Südkoreas, ragt in der Mitte des Eilands in die Wolken. Außerdem durchziehen unzählige Steinmäuerchen das satte Grün, um Ananas, Reis und Orangen gegen die Winde zu schützen, die ständig über die Insel fegen.

Bei Sonnenaufgang sehen die dunklen Lavabrocken und -berge wie schlafende mythische Wesen aus. Früher war die Reise vom Festland nach Jeju-do gefährlich, und aus diesem Grund traten nur wenige sie an. So haben die Bewohner ihre eigene Sprache und Kultur entwickelt und bis heute bewahrt. Und dazu gehört auch »Dalharubang«, der Schutzgott der Insel und der Fruchtbarkeit.

HOKKAIDO

Lage: nördlichste der vier japanischen Hauptinseln
Beste Reisezeit: Frühling bis Herbst
http://en.visit-hokkaido.jp

Kühle Sommer und schneereiche Winter kennzeichnen das Klima der nördlichsten Insel Japans. Die aufgrund vulkanischer Tätigkeit entstandenen Plateaus im Zentrum der Insel sind umringt von Tieflandebenen, die bis an die Küste reichen. Die seismische Aktivität auf der Insel ist sehr hoch. Wie Honshu gehört auch Hokkaido zum zirkumpazifischen Feuergürtel. Drei Gebirgszüge gliedern die Insel: im Norden das Kitami-santi-Gebirge, im Süden das Hidaka-sanmyaku-Gebirge und im Zentrum das Isikari-santi-Gebirge. Der höchste Berg ist mit 2290 Metern der Asahidake. Der Daisetsuzan-Nationalpark im Zentrum der Insel ist der größte Nationalpark Japans und schützt eine faszinierende Berglandschaft mit zahlreichen Vulkanen, Seen und Wäldern. Der Shiretoko-Nationalpark auf einer in das Ochotskische Meer hineinragenden Halbinsel ist noch weitgehend unerschlossen; die ganze Halbinsel Shiretoko steht auf der UNESCO-Welterbeliste. Die Ökosysteme auf Shiretoko und im sie umgebenden Meer sind aufgrund klimatischer Besonderheiten überaus nährstoff- und artenreich. Kalter Wind aus Sibirien lässt das Meer nirgends so weit südlich auf der Nord-

halbkugel zufrieren wie vor der Küste Shiretokos im Nordosten von Hokkaido. Unter der Eisschicht entwickeln sich große Mengen an Phytoplankton, das am Anfang einer langen Nahrungskette steht. Es ist die Nahrungsgrundlage von Krill und anderen winzigen Wassertierchen. Von diesen ernähren sich Schalentiere und kleine Fische, die wiederum von größeren Fischen, Meeressäugern wie Robben und Seelöwen sowie Seeadlern gefressen werden. Zum Laichen schwimmen Lachse und Forellen die Flüsse ins Landesinnere hinauf. Sie sind Nahrung für Braunbären sowie für die vom Aussterben bedrohten Riesenfischuhus und Seeadler. Für die enorme Produktivität des marinen Ökosystems ist neben anderem auch der unterschiedliche Salzgehalt der Wasserschichten verantwortlich. Diese vermischen sich kaum, weil ins Ochotskische Meer keine großen Flüsse münden. Vor der Küste von Shiretoko wurden insgesamt 223 Fischarten, darunter zehn Lachsarten, sowie 28 Meeressäuger gezählt. Besonderen Schutzes bedarf der bis auf eine opulente Mähne nahezu haarlose gelb-braune Steller'sche Seelöwe. Der Akan-Nationalpark hat auf seinem Gebiet den reinsten See der Welt, den Mashusee. Sein Wasser ist durchsichtig bis auf eine Tiefe von 40 Metern.

Der Japanische Kranich ist auf Hokkaido gut zu beobachten.

HONSHU

Lage: Japans größte Hauptinsel
Beste Reisezeit: Frühling bis Herbst

Honshu, durch die Tsugarustraße von Hokkaido getrennt, ist die größte Insel Japans und Teil des zirkumpazifischen Feuerrings. Zahlreiche Vulkane sind hier ausgesprochen aktiv. Sie gleichen den Druck aus, den die Pazifische Platte durch ihr Abtauchen unter die Eurasische aufbaut. Erdbeben mit verheerenden Folgen sind für die dicht besiedelte Insel keine Seltenheit. Der Fuji-san, Wahrzeichen des Landes, ist mit 3776 Metern der höchste Vulkan Japans, seine Ausbruchswahrscheinlichkeit ist jedoch gering, und so wird er auch gern bestiegen. Neben den großen Städten wie Tokio, Yokohama oder Kawasaki bietet Honshu eine Fülle an kulturellen Sehenswürdigkeiten wie Tempel, Schreine und Gartenanlagen. In Japans Hauptstadt befindet sich der Kaiserpalast, der allerdings der Öffentlichkeit nur an zwei Tagen im Jahr zugänglich ist, ganzjährig ist nur ein kleiner Parkteil zu besichtigen. Außerdem sind der Shintoschrein und der im Mai 2012 eröffnete Tokyo Sky Tree, der mit 634 Metern höchste Turm der Welt, ein Besuchermagnet. Die 1,5-Millionen-Einwohner-Metropole Kyoto ist reich an historischem Erbe. Die alte Kaiserstadt war mehr als 1000 Jahre lang Zentrum der klassischen japanischen Adelskultur. Davon zeugen

Tempel, Schreine, Paläste und Gärten von einzigartiger Schönheit. Zu diesem Welterbe zählen 17 Stätten in Kyoto, Uji und Otsu: drei Shinto-Schreine, 13 buddhistische Klöster, teils als Adelspaläste gegründet und deshalb meist mit Gartenanlagen versehen, sowie das Schloss Nijo-jo. In Hiroshima erinnert die »Atombombenkuppel« an den ersten militärischen Einsatz einer Kernwaffe. Sie ist das Symbol für eine neue Dimension von Zerstörung und ein Mahnmal für den Frieden. Die Kiiberge mit ihren drei heiligen Stätten Yoshino und Omine, Kumano-sanzan sowie Koya-san auf der gleichnamigen Halbinsel von Honshu sind seit 1200 Jahren Wallfahrtsort. Hier vermischt sich die religiöse Tradition des japanischen Shintoismus, der in der Verehrung göttlicher Naturkräfte wurzelt, mit dem Buddhismus. In den Bergen von Honshu wird in den historischen Dörfern Shirakawa-go und Gokayama bis heute eine jahrhundertealte Volksarchitektur gepflegt. Ihr Kennzeichen sind große, mehrstöckige Häuser mit steilen Strohdächern. Shirakami-sanchi, einer der letzten zusammenhängenden Buchen-Urwälder Ostasiens, ist ein Symbol für die Bewahrung des natürlichen Lebensraums im dicht besiedelten Japan. Das Gebiet umfasst etwa 170 Quadratkilometer.

Japans höchster Berg, der Vulkan Fuji, hat eine fast perfekte, symmetrische Silhouette.

OKINAWA

Lage: Inselgruppe Okinawa im Pazifik
Beste Reisezeit: Mai–Oktober, von Juni–Oktober Taifunsaison
www.jnto.de

Okinawa hat schon beinahe ein hawaiianisches Flair: Die Südwestinseln haben fast tropisches Klima, Korallenriffe rahmen sie ein – mit dem Festland hat diese Region nichts gemein. Auf der Hauptinsel Okinawa Honto leben 1,5 Millionen Menschen. Die größte Stadt Naha zählt immerhin rund 300 000 Einwohner. Die vorgelagerten Eilande, wie Kerama-shoto, locken mit kristallklarem Wasser und weißen Stränden. Traumstrände hat auch Miyako-jima zu bieten, während Yaeyama ein regelrechtes Unterwasserparadies ist: Bunte Korallen wiegen sich in der Strömung und bieten farbenfrohen Fischen idealen

MIYAKO-INSELN

Lage: Inselgruppe südwestlich von Okinawa im Pazifik
Beste Reisezeit: ganzjährig, Mai–September Taifunsaison
www.jnto.de

Miyako-jima ist die Hauptinsel des Archipels – und auf ihr ist es immer warm. Im Sommer zeigt das Thermometer um die 30 Grad, im Winter nur leicht darunter. Schöne Strände haben die Insel zu einem beliebten Ferienziel der Japaner gemacht. Weit erstrecken sich Zuckerrohrfelder im Inneren des knapp 159 Quadratkilometer großen Eilands – ein landschaftliches Bild, das ein bisschen an Mauritius erinnert. Beim Fischfang gehen vor allem Katsuo (Echter Bonito) ins Netz.
Vor der Küste liegen vier kleinere Inseln im Pazifik, teilweise sind sie durch Brücken mit Miyako-jima verbunden. Doch wer auf diesem para-

Lebensraum. Mantarochen schweben vorüber, Hammerhaien begegnet man hier ebenfalls. Nach dem Tauchgang warten subtropische Wälder, besser gesagt der Dschungel, auf Entdecker. Das feucht-warme Klima lässt die Vegetation sprießen. Auch Mangroven fühlen sich hier wohl: Weit erstrecken sich die Sumpfgebiete mit den Salzwasser liebenden Bäumen.
Die Westküste der Hauptinsel ist zum Okinawa-Küsten-Nationalpark erklärt worden. Hier finden sich von der Natur erschaffene Sehenswürdigkeiten wie das Kap Zampa, das Kap Hedo und der Manza-mo-Hügel. Die mittlere und nördliche Küstenlinie biete Traumstrände zum Faulenzen. Der südliche Teil mit seinen großartigen Landschaften am Meer ist ebenfalls sehenswert.

Üppig und blütenreich ist die Vegetation der Okinawa-Gruppe fast das ganze Jahr hindurch.

diesisch anmutenden Fleckchen gelandet ist, will so schnell nicht wieder weg: Überall ragen Landzungen in den blau schimmernden Ozean – sie bestehen fast nur aus weißpudrigem Sandstrand. Von der Hauptinsel, aber auch von der Nebeninsel Ikema-jima werden Tauchfahrten als Tagesausflüge zu dem beliebten Korallenriff Yabuji angeboten. Das gigantische Unterwasserparadies misst 15 Kilometer in Nordsüd-Richtung und zehn Kilometer in Ostwest-Richtung.

Für Taucher und Schnorchler geht es hier ganz sanft ins Meer, um die Landzungen herum lassen sich zauberhafte Korallenriffe entdecken. Der Miyako-Archipel liegt nördlich vom Wendekreis des Krebses – ein Grund wohl für die schönsten Sandstrände weltweit, da er an die tropische Klimazone zwischen dem nördlichen und dem südlichen Wendekreis grenzt.

MERGUI-ARCHIPEL

Lage: Archipel vor der Westküste Myanmars im Indischen Ozean
Beste Reisezeit: November–April, Sommermonate Regenzeit
www.mergui.de

Dieser Archipel ist eine Art Niemandsland. Denn seine insgesamt 800 Inseln und Inselchen sind vollkommen unbewohnt. Dichter Regenwald nimmt das Innere der Eilande ein, helle Strände grenzen die dunkelgrüne Fläche wie durch eine weiße Linie gegen das türkisblaue Meer ab. Mangroven wachsen auf den flachen Teilen, still liegen felsige Buchten da, die Korallenriffe sind von einzigartiger Schönheit und laden zum Tauchen ein. Das ganze Jahr hindurch herrschen Tagestemperaturen um 30 Grad oder höher, in den Sommermonaten regnet es fast jeden Tag. Dann prasseln dicke Tropfen auf die dichten Blätter der Baumkronen und verwandeln die Landschaft in eine feucht-heiße Sauna. Nach den Regengüssen schickt die Erde das Wasser dampfend wieder gen Himmel, Dunst wabert über den Eilanden. Doch dunkle Wolken hängen nur selten am strahlend blauen Himmel, schnell verwandelt sich der Archipel wieder in einen sonnigen Garten Eden für einen Urlaub mit Robinson-Gefühl.

Die Moken, ein Seenomadenvolk, machen mit ihren Hausbooten, den Kabang, am unberührten Sandstrand der Insel Nyawi fest.

SIMILANINSELN

Lage: Inselgruppe 100 Kilometer nordwestlich von Phuket in der Andamanensee
Beste Reisezeit: November–April, in der Zeit ist das Meer ruhig

In diesem Teil der Erde ist schwer vorstellbar, dass eiszeitliche Gletscher für das Erscheinungsbild gesorgt haben. Die Similaninseln haben bizarre Formen und bestehen hauptsächlich aus Granit. Der türmt sich auch auf dem Meeresgrund auf und bildet kleine Höhlen und Schluchten. Ihr Name kommt aus dem Malaiischen: »Pulau Sembilan« bedeutet neun Inseln. Es sind beliebte Ausflugsziele: Diese Eilande zählen zu den schönsten Tauchrevieren der Welt. Und das, obwohl es erhebliche Schäden an den einst so farbenfrohen Korallenriffen gibt. Die gestiegene Meerestemperatur ließ vor einigen Jahren ganze Korallenstöcke sterben, Dynamitfischen und Überfischen mit Treibnetzen taten ihr Übriges. Inseln und Meer wurden unter Naturschutz gestellt: Seit 1982 gehört alles zum Mu Ko Similan Marine National Park.

Granitformationen unter Wasser und an Land, Wasser, bei dem man bis auf den Grund schauen kann. Mit einer Sichtweite von mehr als 30 Metern sind die Similaninseln beliebt bei Tauchern. Doch viele Hotspots sind gesperrt, damit sich die Natur erholt. Auch Anker der Touristenboote zerstören die empfindliche Unterwasserwelt.

PHUKET

Lage: in Südthailand, in der Andamanensee
Beste Reisezeit: November–April
www.phuket-online.de

Nachdem die Schäden, die der Tsunami 2004 anrichtete, beseitigt werden konnten, gilt die der Westküste Thailands vorgelagerte Insel wieder als Inbegriff eines Urlaubsparadieses. Die legendären weißen Sandstrände und malerischen Badebuchten ziehen alljährlich Millionen Besucher an. Vor allem an der Westküste bieten zahlreiche Ferienanlagen ihren Gästen allen erdenklichen Komfort und viele Freizeitvergnügungen an. Das einstige Fischerdorf Patong ist wegen seines 3,5 Kilometer langen, stark frequentierten Traumstrandes weltbekannt und ein Mekka für Nachtschwärmer geworden. Nur wenig ruhiger geht es in Kata und Karon zu. Wer seinen Tag an Land abseits der Touristenmassen verbringen möchte, kann einen der touristisch weniger erschlossenen Strände wie Mai Khao oder Surin ansteuern. Phuket hat noch anderes zu bieten als Strand. Im Norden der Insel wurde mit dem Khao Phra Thaew Wildlife & Forest Reserve ein 23 Quadratkilometer großes Regenwaldgebiet unter Naturschutz gestellt. Der Dschungel kann auf ausgewiesenen Wanderwegen erkundet werden.
Taucher kommen hier voll auf ihre Kosten. Das beliebteste Tauchrevier ist Shark Point, ca. 1,5 Stunden öst-

lich von Phuket gelegen, erkennbar durch eine Felsnadel, die aus dem Meer ragt. Das Unterwasserparadies erstreckt sich auf drei Riffe, bewachsen mit farbenprächtigen Weichkorallen, Kelchschwämmen, Fächer- und Hartkorallen. Aufgrund des Fischreichtums wurde Shark Point unter Naturschutz gestellt. Neben verschiedenen Muränenarten, Feuer-, Igel- und Anemonenfischen sowie Doktor- und Falterfische tummeln sich hier auch verschiedenfarbige Seepferdchen und die menschenfreundlichen Leopardenhaie (auch Zebrahaie genannt), denen das Riff seinen Namen verdankt. Typischerweise dösen die harmlosen Tiere fast während des ganzen Tages am sandigen Grund.

Phuket ist ein Paradies für Feinschmecker und berühmt für seine edlen Restaurants. Gleich zwei Mal im Jahr finden bedeutende Festivals statt, die dem leiblichen Wohl gewidmet sind: im Oktober das Vegetarische Festival, das mit einer herrlichen Palette von Gemüsesorten, Früchten und Salaten aufwartet; und im Mai das Festival der Meeresfrüchte, das die köstlichen Schätze des Meeres in den Mittelpunkt stellt. Die Hauptstadt Phuket City am Fuße des Khao-Rang-Hügels ist geprägt von der malerischen, chinesisch-portugiesischer Stadtarchitektur des 19. Jahrhunderts.

Hübsch verziert sind die typischen Boote an Thailands Küsten.

KO PHI PHI

Lage: in der Andamanensee vor der Westküste Süd-Thailands
Beste Reisezeit: Dezember–April
www.thailandtourismus.de

»The Beach«, und zwar im wahrsten Sinne. Denn diese Strände sind ein Traum. Das fand auch die Filmcrew rund um Leonardo Di Caprio, als sie im Jahr 2000 das Kinodrama auf Ko Phi Phi drehte. Junge Menschen auf der Suche nach Freiheit, Abenteuer und dem perfekten Plätzchen Erde. Feinster Sandstrand, Palmenhaine, Kokosnüsse, die einem einfach so vor die Füße fallen. Willkommen im Paradies, in der »Maya Bay«. Doch die Dreharbeiten zeigten auch, wie wichtig Naturschutz ist. Das Eingreifen in die Landschaft hatte Folgen: Vor allem die Müllbeseitigung war und ist noch heute ein Problem auf der Inselgruppe. Auch, weil zu den Urlaubern noch Tausende Tagesaus-

KO JUM

Lage: in der Andamanensee 25 Kilometer südlich von Krabi
Beste Reisezeit: November–April
www.kohjum.com

Entspannen und entschleunigen sind hier die angesagtesten Freizeitbeschäftigungen. Strandurlaub, die Füße in den weichen, warmen Sand graben, planschen im flachen Meer und weiter draußen mit bunten Fischen schwimmen. Es gibt kaum mehr zu tun auf Ko Jum – genau das richtige Urlaubsprogramm für gestresste Europäer. Thailändische Ruhe und Gelassenheit spüren auch Gäste bald am eigenen Leib. Luxuriöse Hotels sollte man auf der kleinen Insel zwischen Ko Lanta und Krabi aber nicht erwarten. Gerade einmal drei Orte mit rund 1500 Einwohnern insgesamt gibt es auf dem Eiland, das nur im Süden Ko Jum heißt, dessen Nordhälfte dagegen

flügler kommen. Bunt geschmückte Boote bringen sie nach Ko Phi Phi Don, der größeren Insel, oder Ko Phi Phi Leh, der kleinen Schwester. Ko Phi Phi Don ist mittlerweile ein bedeutendes Touristenzentrum. Kein Wunder, denn der Südseetraum lässt sich hier live erleben: Kristallklares, türkisfarbenes Wasser, dichter Dschungel, der fast die gesamte Insel bedeckt, und bizarre Felsformationen prägen das Bild. Das kleinere Eiland bietet spektakuläre Felsformationen, wie beispielsweise die Höhle »Viking Cave«. Ihren Namen hat sie von den angeblich prähistorischen Wandzeichnungen der Wikinger.

Farbenprächtiger Schmuck ist auf Ko Phi Phi sehr wichtig: Bunte Tücher dekorieren Bäume, Häuser und Holzboote. Hierher kommen die Tagestouristen und genießen den Strand oder tauchen ab in die Korallenwelt.

auch den Namen Ko Pu trägt. Aktivitäten bieten sich nur wenige – Relaxen steht eindeutig im Mittelpunkt auf diesem thailändischen Kleinod. Ein paar Tagestouren gibt es jedoch: Wer sich Richtung Norden aufmacht, kann von der Spitze des Mount Pu einen fantastischen Blick über die Andamanensee genießen. Auf kaum befahrenen Straßen und Wegen lassen sich zudem Land und Leute mit dem Motorroller entdecken und natürlich auch immer noch schönere Buchten, die zum Baden und Schnorcheln locken.

Strand, blaues Meer und eine kleine Hütte: Viele stellen sich den perfekten Ort genau so vor. Ko Jum bietet insgesamt sechs Strände, von denen Ting Rai Beach, Andaman Beach und Golden Pearl Beach die schönsten sind. Für Romantik sorgen eine Bootsfahrt in den Sonnenuntergang oder ein Picknick am Strand.

KO SAMUI

Lage: Insel vor Südost-Thailand
Beste Reisezeit: Dezember–April
www.kohsamui.org

Kilometerlange, oft makellos weiße Strände und idyllische Buchten, kristallklares, türkisfarbenes Wasser, unzählige sich im warmen Wind wiegende Palmen, Regenwald und Wasserfälle, pittoreske Felsklippen sowie ganz ursprüngliche Fischerdörfer machen Ko Samui – mit rund 233 Quadratkilometer Fläche Thailands zweitgrößte Insel – nach Phuket zu einem der begehrtesten Reiseziele des Landes. Baden und Schwimmen, Schnorcheln und Tauchen stehen meist ganz oben auf der Wunschliste der Reisenden. Ko oder Koh ist thailändisch und bedeutet einfach Insel. Ko Samui wurde im Dezember 2004 von der Tsunamikatastrophe verschont und verzeichnete in den Jahren danach einen starken Zuwachs an Besucherzahlen. Ein überaus gern besuchter Strand ist der Chaweng Beach, während der Hauptsaison kann es hier schon mal eng werde. Doch für Abwechslung ist immer gesorgt: Katamarane, Surfbretter oder Jetskis können ausgeliehen werden, und es gibt verschiedene Tauchschulen. Auch Lamai Beach, fast so weitläufig wie Chaweng Beach oder Bo Phut, ein eher ruhiger Strand, und Maenam Beach werden gern angesteuert und eignen sich zum Faulenzen, Schwimmen oder Schnorcheln. Sie alle sind per Taxi

oder mit Mietmopeds gut erreichbar. An der Westküste locken der Taling Ngam oder der Lipa Noi Beach mit romantischen Sonnenuntergängen. Im Landesinneren ist die Insel hügelig, fast schon gebirgig, und die höchste Erhebung ragt 640 Meter in die Höhe. Eine etwa 50 Kilometer lange Ringstraße umrundet die Insel. Inselwahrzeichen ist die zwölf Meter hohe Buddhastatue, »Big Buddha«, die Anfang der 1970er-Jahre erbaut wurde; zwischen Kokospalmen liegt hier auch eine Klosteranlage. Nur wenige Kilometer entfernt befindet sich die buddhistische Tempelanlage Wat Nuan Naram, die im Jahr 2004 entstanden ist. Malerisch glitzert der bunt bemalte Tempel mit seinen Figuren im Wasser des ihn umgebenden Sees. Ein hübscher Ausflug führt zu den Na-Muang-Wasserfällen. Diese Kaskaden sind nicht außerordentlich hoch, aber sie liegen sehr idyllisch mitten im Dschungel, und man erreicht sie von der Ringstraße aus zu Fuß auf einem etwa zwei Kilometer langen Spazierweg durch den Dschungel.

Während der Regenzeit im Oktober und November kommt es häufig zu starken Regenfällen, die auch den Fährbetrieb beeinträchtigen. Von Dezember bis April wird das sonnige Strandleben meist nur durch kurze Regenschauer unterbrochen (hier die Coral Cove Bay). Die Wassertemperatur liegt ganzjährig bei 28 Grad Celsius.

KO SAMET

Lage: 200 Kilometer von Bangkok entfernt im Golf von Thailand
Beste Reisezeit: November–März
www.ko-samet.net
www.kosamet.net

Felsen, Buchten, feinste Strände – Ko Samet ist gerade einmal 13 Quadratkilometer groß, verspricht aber die Erfüllung so manchen Urlaubstraums. Wegen seiner Nähe zu Bangkok ist die Insel ein beliebtes Ziel für einheimische Kurzurlauber. Vor allem an Wochenenden und Feiertagen strömen die Menschen hierher, entsprechend steigen die Hotelpreise. Während der Regenzeit bekommt das Eiland weniger Tropfen ab und bleibt im Vergleich zu anderen Gegenden relativ trocken. Schwimmen, Tauchen und Schnorcheln zu den Korallen sowie ausgedehnte Strandwanderungen – an Outdooraktivitäten mangelt es nicht. Außerdem kann man schnell aufs Festland zurück und durch die Nationalparks wandern oder auf Safari gehen: zu Wasserfällen mit Badeplätzen und imposanten Höhlen oder zu den letzten verbliebenen Elefanten in den von Abholzung bedrohten Urwäldern.

Die Statuen, zwischen Ao Phai und Hat Sai Kaew, veranschaulichen die dramatische Geschichte des Literaten Sunthorn Phu, in der eine Meerjungfrau den Prinzen Aphai Mani aus dem Ozean rettet und ihn nach Ko Samet bringt.

KO CHANG

Lage: drittgrößte Insel Thailands an der Ostküste im Golf von Thailand
Beste Reisezeit: November–März
www.koh-chang.ch

Einst war es ein typisches Backpacker-Paradies der 1980er-Jahre. Friedlich, ursprünglich, ohne Elektrizität, ohne Straßen. Trampelpfade führten über die 30 Kilometer lange und 14 Kilometer breite Insel. Generatoren erzeugten in einer Handvoll Unterkünften für einige Stunden am Tag Strom; erst 1996 kam Strom durch ein Seekabel und versorgte auch Ko Chang beständig. Strände und Buchten waren nur per Boot erreichbar. Bevor die Touristen kamen und der Bauboom Ende der 1990er-Jahre begann, lebten die Einwohner von Fischfang und Kautschukherstellung. Heute gilt der White Sand Beach als Hotspot für Hotels und Bungalows, die schönsten Lagunen gibt es am sechs Kilometer langen Sandstrand Klong Prao zu entdecken. In den bis zu 750 Meter hohen Bergen im Inneren des kleinen Landstücks warten Wälder mit Wildschweinen, Affen, Schlangen und Vögeln auf Erkundungsfreudige, die eine schweißtreibende Wanderung nicht scheuen.

Bang Bao im Süden der Insel steht auf Stelzen. Stege führen zu den Anlegestellen für kleine Boote, von hier werden die Touristen zu den Bade- und Tauchplätzen gebracht.

CAT BA UND HALONGBUCHT

Lage: Nord-Vietnam
Beste Reisezeit: November–April
http://halongtours.com

Die bis zu 100 Metern aus dem Wasser ragenden, meist dicht bewachsenen Karstfelsen sind heute weltweit berühmt und erinnern an chinesische Landschaftsbilder. Die Felsen und Berge zeichnen sich durch große Formenvielfalt aus: Das Spektrum reicht von Pyramiden mit breiter Basis über hochgewölbte »Elefantenrücken« bis zu schlanken Felsnadeln. Die Menschen haben in der Insellandschaft weniger ein Naturphänomen gesehen als ein mythisches Schauspiel: Ein aus den Bergen (oder aus dem Himmel) »herabgestiegener Drache« (»Ha Long«) soll dieses Naturwunder geschaffen haben, als er mit den Schlägen seines mächtigen Schwanzes ein feindliches Invasionsheer vernichtete – oder fühlte er sich nur im Schlaf gestört und wurde deshalb wütend? In die so entstandenen Furchen und Schluchten schwappte das Wasser, das der Drache verdrängte, als er ins Meer tauchte. Einer anderen Legende nach sollen die Inseln auf Geheiß des Jadekaisers von einer Drachenfamilie zum Schutz gegen chinesische Invasoren ausgespuckte Perlen sein. Die geologische »Wahrheit« klingt viel nüchterner: Nach der letzten Eiszeit hat sich die zum südwestchinesischen Kalksteinplateau gehörende Küstenlandschaft ge-

senkt und wurde vom Wasser überflutet. Die Erosion formte schließlich aus dem Gestein faszinierend anmutende Kegel.
Auf Cat Ba, der größten Insel der Halongbucht, sind seit den 1980er-Jahren ein Biosphärenreservat und der Cat-Ba-Nationalpark eingerichtet. Die Insel und ganz besonders der Park sind wichtig für die Biodiversität und beherbergen zahlreiche gefährdete Arten. Auch den Park charakterisieren die mit subtropischen Pflanzen bewachsenen Kalkfelsen. An Land leben Makaken und Gibbons, und im Wasser kann man Seeschlangen, Pythons und manchmal auch Delfine entdecken. Die weltweit am stärksten bedrohte Affenart, der Goldkopflangur, lebt hier und steht unter ganz besonderem Schutz. Auf verschiedenen Wanderwegen kann der landschaftlich vielseitige Park erkundet werden, der allerdings seit einigen Jahren einen großen Besucheransturm zu bewältigen hat.

Die bizarr geformte Insellandschaft in der – im Golf von Tonking im Norden Vietnams vor Hanoi gelegenen – Bucht von Halong besteht aus rund 2000 Inseln und Kalkfelsen; fast jedes Eiland hat einen Namen. Wind, Wetter und Gezeiten haben dort ein anmutiges Gesamtkunstwerk der Natur entstehen lassen. Viele der Tropfsteinhöhlen und Grotten sind nur bei Ebbe zugänglich.

PHU QUOC

Lage: im Golf von Thailand, etwa 40 Kilometer vor der Südwestküste Vietnams und zwölf Kilometer vor der Küste Kambodschas
Beste Reisezeit: November–März
www.phuquocisland.com
www.discoverphuquoc.com

Aus der Vogelperspektive ist Phu Quoc ein grün glitzernder Tropfen, weshalb die Insel auch Smaragdinsel heißt. Ein passender Name, denn das Eiland ist ein wahrer Schatz, den bis jetzt nur wenige Touristen für sich entdeckt haben. Die kilometerlangen, traumhaften Strände sind menschenleer, der Regenwald sowieso, und damit das so bleibt, wurde ein Großteil zum Nationalpark erklärt. Wer die Insel auf eigene Faust entdecken will, leiht sich ein Moped, tuckert über rote Pisten, wackelige Brücken und durch grüne Tropenvegetation zum Strand. Der

CON-DAO-INSELN

Lage: vor der Südostküste Vietnams, im Südchinesischen Meer
Beste Reisezeit: November–März, dann ist das Meer schön ruhig
www.visitcondao.com

Westliche Matrosen der Britischen Ostindien-Kompanie tauften die verwunschen schöne Inselgruppe Poulo Condore. Während der französischen Kolonialzeit kam der Name »Teufelsinsel« hinzu. Ihre weitgehend isolierte Lage machte die Hauptinsel Con Dao zum perfekten Gefängnis-Standort. Missliebige Menschen wurden in enge vergitterte Löcher, ausgediente Tigerkäfige, gesperrt und qualvoll gefoltert. Später übernahmen Südvietnamesen und Amerikaner die Stätte des Grauens, die heute ein Museum ist. Das ist die eine Seite der Insel, die andere ist viel schöner: ein Fleck-

Fahrtwind weht immer angenehm kühl. In den kleinen Dörfern, die nur aus ein paar Hütten bestehen, trocknen Pfefferkörner und Tintenfische in der Sonne. Kinder spielen und rennen fröhlich kreischend den Besuchern hinterher. Immer mit dabei sind große, braune Jagdhunde mit rasiermesserscharfen Zähnen. Die Phu Quoc Ridgebacks sind so etwas wie das Nationaltier der Insel. Im Schatten vor fast jeder Hütte döst so ein riesiges Prachtexemplar. Die Bewohner sind stolz auf die Tiere mit dem markanten Fellstrich auf dem Rücken, die es angeblich nur hier gibt.

Für Liebhaber von Fisch und Meeresfrüchten ist Phu Quoc ein Paradies. Morgens legen die Fischer mit fangfrischer Beute im Hafen an, wo Köche lautstark um das beste Stück feilschen. Schnell sind die zuckenden, schimmernden Leiber verkauft.

chen Erde wie aus dem Bilderbuch, mit Palmen gesäumten Stränden, Panoramablick über das schwappende Meer und die Zeit scheint stehen geblieben zu sein. Aber noch beeindruckender als die Natur ist die überwältigende Freundlichkeit der Menschen. Sie lachen, lächeln und freuen sich mit den Besuchern um die Wette. Dabei sind sie keineswegs aufdringlich. Bleibt nur zu hoffen, dass das so bleibt, denn bald eröffnet ein Großflughafen und Con Dao soll zum groß angelegten Touristenparadies werden.

Die 16 Inseln des Archipels sind ein Geheimtipp und das Zuhause vieler vom Aussterben bedrohter Tierarten wie diverser Schildkrötenarten und der Seekühe. Mit viel Zeit, Geduld und noch mehr Glück können Besucher diese scheuen, massigen Tiere mit ihren grauen Stummelflossen und stumpfen Schnauzen beobachten.

PENANG

Lage: vor der Westküste der Malaiischen Halbinsel
Beste Reisezeit: Ende November bis Anfang April, sonst Regenzeit
www.tourismmalaysia.de

Jimmy Choo ist wohl der bekannteste Sohn Penangs. Der Schuhdesigner ist 1961 hier geboren und hat es bis nach ganz oben in der Modewelt geschafft, seine Kreationen glitzern an den Füßen vieler Stars, zu seinem Label gehört mittlerweile auch eine Duftkreation. Auf Choos Spuren müssen Besucher aber nicht wandeln, wenn sie Penang mit seinen Sehenswürdigkeiten erkunden wollen. Die malaiische Insel bietet einen bunten kulturellen Mix, vor allem in der Hauptstadt George Town. Rund 400 000 Einwohner zählt die City im Nordosten, in der es vom Islamischen Museum über ein britisches Fort bis hin zum jüdischen

PANGKOR

Lage: in der Straße von Malakka vor der Westküste Malaysias
Beste Reisezeit: Dezember–März, Juni, Juli
www.pangkor.com.my
www.pangkorlautresort.com

Pangkor ist von mehreren kleinen Inseln umgeben, von denen Pulau Pangkor Laut die größte und touristisch bedeutendste ist. Das Innere der Insel Pangkor ist gebirgig und schwer zugänglich, höchster Punkt ist der Bukit Pangkor, ein 371 Meter hoher Berg. Besucher bleiben daher eher an den Stränden, anstatt sich auf Wanderungen durch die Landschaft zu begeben. Zudem besteht der Großteil des rund 22 Quadratkilometer großen Eilands aus dichtem Dschungel, der die Heimat des seltenen Nashornvogels ist. Die etwa 25 000 Einwohner sind malaiischer, indischer oder chinesischer Abstam-

Friedhof und luxuriösen Hotel im Kolonialstil alles zu entdecken gibt. Die unterschiedlichsten kulturellen Einflüsse lassen sich im Stadtbild erkennen: asiatische, arabische und europäische. Im 20. Jahrhundert entwickelte sich Penang zum »Silicon Island« Asiens, große Elektronikunternehmen siedelten sich dort an. 1985 baute man eine Brücke hinüber zum Festland, welche die Straße von Selatan auf fast 14 Kilometer Länge und sechs Fahrspuren breit überquert. Natürlich besitzt die Insel auch landschaftliche Reize: etwa feinsandige Strände, Wälder und blühende Gärten. Ausflugstipp: Die Schmetterlingsfarm in der Bucht von Bahang mit über 100 Falterarten; oder im Nordwesten liegt der Penang National Park mit dem »Monkey Beach«; Affen bewohnen diesen Küstenabschnitt.

Hinter Penang geht malerisch die Sonne unter.

mung und verdienen ihren Lebensunterhalt vor allem mit dem Tourismus. Ferienhäuser und Hotels gibt es im Westen, im Norden sogar einen Flughafen für Inlandflüge. Wer seinen Urlaub nicht nur am Strand verbringen will, kann einige Sehenswürdigkeiten anschauen: beispielsweise den Fu-Ling-Kong-Tempel, die holländische Festung oder einen der bunten Märkte, auf denen es gesalzene Meeresfrüchte gibt. Die sind übrigens eine Spezialität auf der Insel: Kleine Fischchen werden in der Sonne getrocknet und gesalzen, dann zu »Fischsaté« verarbeitet – also an kleinen Bambusspießen über offenem Feuer geröstet.

Auf Pangkor Laut kann man herrliche Strandurlaube verbringen. In manchen Hotels stehen die Villen auf Stelzen direkt im Meer, eingerichtet mit allem Komfort. Da fühlt man sich ganz einfach wie im Paradies.

TIOMAN

Lage: 50 Kilometer östlich vom Festland im Südchinesischen Meer
Beste Reisezeit: ganzjährig; von Dezember bis April sonniger; fast tägliche Schauer
www.tourismmalaysia.de

Den Charme einer unberührten Insel hat Tioman wohl verloren, ein Geheimtipp ist dieses Fleckchen Erde längst nicht mehr. Dennoch hat es von seiner zauberhaften Schönheit nichts eingebüßt, man muss diesen Garten Eden nur eben mit anderen teilen. Denn der kleine Flugplatz auf dem Eiland macht es auch für Wochenendurlauber aus Singapur, Hongkong oder Kuala Lumpur schnell erreichbar, ansonsten kommen Besucher mit dem Boot, Fähren pendeln den ganzen Tag über. Eine paradiesische Destination ist Tioman dennoch geblieben: Schon die üppige Vegetation, die das Eiland in

AUR

Lage: 65 Kilometer östlich vom Festland im Südchinesischen Meer
Beste Reisezeit: ganzjährig verschiedene Monsunphasen, am besten Dezember–April

Zusammen mit Pulau Dayang, Pulau Lang und Pulau Pinang gehört Pulau Aur, so der malaiische Name, zum Johor Marine Park. Die Inseln sind felsig, viele Resorts haben ihre Holzhütten direkt auf dicke Steine in die Berghänge gebaut. Kristallklares Wasser umspült sie, und das Grün des Regenwaldes dominiert alles.

An diesem winzigen Strandstück auf Pulau Aur führt ein hölzerner Steg am Meer entlang; sogar von hier aus kann man beobachten, wie dicht die tropischen Fischchen an die Küste heranschwimmen. Überall am Strand stehen kleine Hütten.

ein sattgrünes Gewand kleidet, ist beeindruckend. Und sie steht unter Schutz: Das Innere der 39 Kilometer langen und zwölf Kilometer breiten Insel ist ein Naturreservat aus tropischem Dschungel. Hier dampft die Hitze vom feuchten Waldboden neblig Richtung Himmel, Regentropfen hängen wie Diamanten an den Spitzen riesiger Blätter. Dunst wabert durch den Wald, bleibt unter den Kronen der Bäume hängen, das Dickicht lässt nur wenig Sonnenlicht durch. Wanderungen durch den Dschungel sind ein Erlebnis. Wer es weniger schweißtreibend will, bleibt an einem der traumhaften Strände und genießt ein kühles Getränk im Schatten.

Gleich hinter dem Strand hebt sich in üppigem dunkelgrün das bergige Inselinnere ab. Hier kann man mitten im dichten tropischen Regenwald rauschende Wasserfälle entdecken.

SIBU

Lage: vor der Ostküste Malaysias im Südchinesischen Meer, nahe Mersing
Beste Reisezeit: Februar–Juli haben die wenigsten Regentage
www.tourismmalaysia.de

Diese Insel ist ein Tropenparadies mit beige-goldenen Sandstränden. Diese mögen auch die Meeresschildkröten, und legen im Juli hier ihre Eier ab. Sibu ist ein kleiner Archipel aus fünf Inselchen, allesamt von großer Naturschönheit. Es gibt zwar eine Straße auf der Hauptinsel, schneller geht es aber auch hier mit einem Motorboot rund um das Eiland oder zu einer Nachbarinsel.

Schatten spendende Palmen und ruhig dümpelnde Boote vor der Küste – eine wunderbare Kulisse für einen gelungenen, erholsamen Urlaub.

BORNEO

Lage: zwischen Südchinesischem Meer und Javasee
Beste Reisezeit: April–September, Dezember, keine ausgeprägte Regenzeit

Borneo ist der malaysische Name, auf Indonesisch heißt die Insel Kalimantan. Die drittgrößte Insel der Welt nach Grönland und Neuguinea ist zwischen den Staaten Malaysia, Indonesien und Sultanat Brunei aufgeteilt und zählt zu den Großen Sundainseln. Das Eiland weist zwei UNESCO-Naturerbestätten auf, den Kinabalu Park und den Nationalpark Gunung Mulu.
In dem spektakulären Bergmassiv des Gunung-Mulu-Nationalparks im der malaysischen Bundesstaat Sarawak auf Borneo befindet sich der größte Höhlenkomplex der Erde. Vor rund 30 Millionen Jahren begann die Entstehung dieser zerklüfteten Landschaft: Damals bildete zu Sand und Sediment zermahlenes Eruptivgestein den noch vom Meer überfluteten Boden. Korallen und andere Meerestiere bauten dann über Millionen von Jahren hinweg Kalkstein auf. Durch Auffaltung und Senkung des Meeresspiegels entstand vor etwa fünf Millionen Jahren das Bergmassiv des heute als Nationalpark geschützten Areals, das extrem reinen Kalkstein wie an dem 1750 Meter hohen Gunung Api direkt neben Sandstein aufweist. Letzteren findet man auf dem höchsten Gipfel, dem Gunung Mulu (2377 Meter), nach dem der Nationalpark auch benannt wurde. In Jahrmillionen wuschen Flüsse das riesige Höhlensystem aus, das von Fledermäusen und Insektenarten bewohnt ist.

Großes Bild: In allen Grüntönen schimmert Borneos Regenwald. Bildleiste von oben: Nasenaffenmutter mit Nachwuchs; eine grüne Spitzkopfnatter; ein Borneo oder Pygmy Elephant.

SINGAPUR

Lage: am südlichen Ausläufer des asiatischen Festlands
Beste Reisezeit: März–Oktober heiße Trockenzeit, November–Februar kühler, aber Regenzeit
www.yoursingapore.com
www.marinabaysands.com

Singapur ist Shoppingparadies, Multikulti-Metropole mit friedlichem Zusammenleben verschiedener ethnischer Gruppen, hat eine Forme-1-Strecke mitten in der Stadt, und es ist grün. Die Parks in der City sind Oasen zum Durchatmen. Und doch ist sie der Grund für die meisten Reisen in die Löwenstadt: die Orchard Road, die Shoppingstraße schlechthin. Hier glänzt einfach alles. Fassaden der Hochhäuser, vorbeifahrende Autos und sogar der Boden. Denn Singapurs Gehwege sind nicht einfach nur asphaltiert, sie sind gefliest. Zumindest vor den Edelboutiquen auf der Orchard Road. Wie überall in der Stadt wird auch hier ständig gefegt, und es ist verboten, Papier oder Abfall auf die Straße zu werfen. Boutiquen reihen sich aneinander, jeder Eingang scheint seinen Nachbarn in Styling und Design übertrumpfen zu wollen. Mal kühl und dunkel, mal glitzernd und verspiegelt – wer hier einkaufen will, sollte sich einen ganzen Tag Zeit nehmen. Und selbst dann kratzt der Shoppingfan nur an der Oberfläche dessen, was sich hier verbirgt. Schon von außen faszinieren die Gebäude, denn ihre Formen

könnten unterschiedlicher kaum sein. Oval und verspiegelt wie ein Ufo oder mit einem gigantischen Säulenportal versehen, wie sich am Eingang der ION-Mall deutlich zeigt. Oder geformt wie ein überdimensionaler Altar, der sich in der Silhouette des Megakaufhauses Takashimaya abzeichnet. Ein Tribut an die Seelen der Verstorbenen, denn die Orchard Road war früher einmal ein Friedhof. Blauglänzend erheben sich die drei flachen, eckigen Säulen 200 Meter hoch vom gegenüberliegenden Ufer der Bucht: das Marina Bay Sands, der neue Trumpf in den drei Bereichen Hotel, Kasino und Shopping. Gebäude, deren Größe und Gestalt sich anschicken, die neuen Wahrzeichen der boomenden Metropole zu werden. Die drei Hoteltürme tragen eine 340 Meter lange Plattform, die an einer Seite 66 Meter ins Freie ragt und wie das Deck eines Schiffes aussieht. Dieser »Sands Sky Park« bietet eine offene Aussichtsplattform: Von verschiedenen Standorten aus lassen sich Stadtteile wie Little India oder der Business District überblicken.

Einmal im Jahr, wenn die Formel 1 beim einzigen Nachtrennen zu Gast ist, sind kaum Autos rund um die Marina Bay unterwegs. An jedem anderen Abend leuchten viele Lichter für alle, die sich auf eine Bank setzen und den Blick über die Bucht schweifen lassen. Ringsum flanieren Spaziergänger am Ufer des Flusses entlang.

SUMATRA

Lage: südlich der Straße von Malakka
Beste Reisezeit: Januar–Juli
www.sumatra-indonesia.com

Den Westteil der Insel durchzieht ein Hochgebirgsrücken mit dem 3404 Meter hohen Mount Leuser. Der Gebirgszug geht Richtung Nordosten in eine weite Tiefebene über. Die Hauptattraktion West-Sumatras ist der Tobasee, ein 1700 Quadratkilometer großer See in einem Vulkankrater. Mitten im See liegt die Insel Samosir, auf der die Batak noch heute in Pfahlbauten leben.
Drei Nationalparks auf Sumatra beherbergen einen der letzten größeren zusammenhängenden Regenwaldabschnitte der Erde: Gunung Leuser im Norden, Kerinci Seblat im Zentrum und Bukit Barisan Selatan weiter im Süden von Sumatra. In diesem Areal gedeihen wohl 10 000 Pflanzenarten, darunter 17 endemische Gattungen. Unter den Blütenpflanzen findet man hier mehr als 50 Prozent der auf Sumatra vorkommenden Arten. Berühmt sind die Populationen der größten Blume der Welt, der Riesenrafflesie und der Blume mit dem höchsten Blütenstand der Welt: der Titanenwurz. Die ebenfalls enorm vielfältige Tierwelt hat man bisher nur zum Teil wissenschaftlich erfasst. Entdeckt wurden allein 580 Vogelarten, darunter 21 Endemiten. Die spektakulärsten dort heimischen Tierarten sind Orang-Utan, Tiger, Nashorn, Elefant, Serau, Tapir und Nebelparder, eine große Katze, heimisch im südlichen Asien. Der hohen Biodiversität entspricht eine enorme Fülle an verschiedenen geologischen Formationen und Lebensräumen.

Großes und kleines Bild oben: Orang-Utans; Bildleiste Mitte und unten: der seltene Sumatratiger; ein sitzender Nasenaffe.

JAVA

Lage: Südindonesien
Beste Reisezeit: Mai–Oktober
www.javatourism.com

Java gehört zu den vier großen Sundainseln, und im Nordwesten der lang gestreckten Insel befindet sich die indonesische Hauptstadt Jakarta. Die überaus fruchtbare Insel ist vom Monsun geprägt und weist noch viele kleine Dschungelflächen auf. Es wird Tabak, Kaffee, Mais angepflanzt und Reis in den charakteristischen Terrassenfeldern. Die Insel verfügt über zwei ganz besondere kulturelle Höhepunkte, die zum UNESCO-Welterbe gehören. Die buddhistische Tempelanlage von Borobudur liegt etwa 25 Kilometer nordwestlich von Yogyakarta und ist das bedeutendste buddhistische Heiligtum außerhalb Indiens. Die Anlage symbolisiert die kosmologische Auffassung vom Weltenberg Meru mit seinen verschiedenen Höhenschichten: der »Welt der Begierden«, der »Welt der Namen und Formen« und der »formfreien Welt«. Über einem streng quadratischen Grundriss bauen sich fünf »irdische« Galerien auf. Hier erzählen verschiedene Reliefs vom Lebensweg Buddhas, andere geben aber auch alte Jataka-Legenden wieder. Auf der Plattform über den Galerien erheben sich drei »himmlische« Rundterrassen. Diese tragen insgesamt 72 Stupas, die einst jeweils eine Buddhastatue umschlossen und auf den Hauptstupa auf der obers-

ten Terrasse hin ausgerichtet sind. Die hinduistische Tempelanlage von Prambanan war den Göttern Brahma, Vishnu und Shiva geweiht. Weithin sichtbar überragen die Tempeltürme diese Anlage, mit deren Bau wohl schon im 8. Jahrhundert begonnen wurde. Der Haupttempel, Lara Jonggrang, soll aber erst um das Jahr 915 vollendet worden sein. Er wurde Shiva geweiht: Der indische Gott der Zeugungskraft gilt hier als »Mahadeva«, als mächtigste Gottheit. Deshalb taucht auch sein Symbol, der Phallus, überall auf. Brahma und Vishnu haben jeweils ihre eigenen, kleineren Tempel südlich und nördlich des mittleren Hauptturms. Landschaftliche Höhepunkte verspricht der Bromo-Tengger-Semeru-Nationalpark mit den beiden aktivsten Vulkanen des Inselstaates Bromo (2329 Meter) und Semeru (3676 Meter).

Feuerberge prägen Java: Wenn die Abendsonne die Tengger-Caldera in rosarote Töne einhüllt, ähnelt sie einer gefärbten Mondlandschaft. Vom Aussichtspunkt des Gunung Pananjakan kann man die Vulkane fast in einer Reihe sehen: vorneweg der Batok, links dahinter und leicht dampfend der kleinere Bromo, schließlich gefolgt vom Kursi. Der Calderarand (links im Bild) erhebt sich bis zu 120 Metern vom Calderaboden. Der Semeru im Hintergrund überragt mit seiner Rauchwolke die ganze Szenerie.

BALI

Lage: Südindonesien
Beste Reisezeit: April–November
www.dipardabali.com

Das indonesische Urlaubsparadies Bali fasziniert Besucher aus aller Welt. Während im Norden und Westen dunkle, schmale Strände dominieren, findet man im Süden bei Denpasar herrliche Sandstrände, malerische Buchten und eine überwältigend schöne Unterwasserwelt. Die typischen Reisterrassen im Inselzentrum sind das Werk von Generationen von Reisbauern, die die steilen Hänge urbar machten. Tanah Lot, einer der am schönsten gelegenen Tempel, steht auf einer bei Flut meerumtosten Felseninsel. Obwohl das Betreten des inneren Bezirks Nichthindus untersagt ist, lockt er alljährlich Scharen von Urlaubern an. Der Tempel wurde vermutlich im 16. Jahrhundert von dem Hindupriester Niratha gegründet und zählt zu den Meerestempeln. Der Wassergöttin Dewi Danu geweiht ist die romantisch am Südwestufer des balinesischen Bratansees gelegene, im 17. Jahrhundert gegründete Tempelanlage Pura Ulun Danu Bratan. Die »Mutter aller balinesischen Tempel«, Pura Besakih, liegt am 3142 Meter hohen, immer noch aktiven Vulkan Gunung Agung im Osten von Bali. Dieser aktive Stratovulkan brach zuletzt 1964 aus. Die Eruption zählt zu den stärksten des 20. Jahrhunderts. Jeder Clan und jede Berufsgruppe sind mit einem eigenen Tempel vertreten; das Allerheiligste der Anlage darf nur von Hindus betreten werden. Vom Gipfel des Gunung Agung reicht der Blick auf die Nachbarinsel Lombok. Vor der Insel gibt es große, vielfältige Korallenriffe. Schnorchel- oder Tauchtrips sind ein echtes Erlebnis.

Aufwendig schmücken sich die balinesischen Tänzerinnen für ihre getanzte »Huldigung der Götter«.

LOMBOK

Lage: 35 Kilometer östlich von Bali
Beste Reisezeit: trockenste Monate Juni–August, ganzjährig Temperaturen um 30 Grad

Lombok trägt den poetischen Beinamen »Insel der glitzernden Prinzessin«. Der Sage nach wollte Prinzessin Putri Nyale keinen ihrer vielen Verehrer zurückweisen und stürzte sich zum Wohle der gesellschaftlichen Harmonie ins Meer. Das tat sie angeblich bei Kuta – und verwandelte sich in die Nyale-Würmer, die seitdem in einer einzigen Nacht jedes Jahr im Sand zu sehen sind. Der gesamte Strand glitzert dann geheimnisvoll im Mondlicht, die Bewohner feiern dies mit einem großen Fest und sammeln so viele Tiere wie möglich ein. Diese bringen sie dann auf ihre Felder, damit die nächste Ernte reiche Früchte trägt. Ob aus diesem Grund Kuta auch einer der beliebtesten Strände bei Urlaubern ist, steht in den Sternen… Das Inselinnere besticht durch etwas anderes: sein unbeschreiblich sattes Grün. Tropischer Wald, aus dessen dichtem Blätterdach die Kronen von Palmen aufragen, Hänge mit Tausenden Farnen und Bäumen, deren Blätter das grüne Farbspektrum vollends ausschöpfen. Reisterrassen bilden Stufen hinauf zum Himmel, bewässerte Felder liegen wie spiegelnde Flächen mitten im Wald. Wer im Dschungel wandert, stapft auf engen Pfaden durch das Dickicht. Es ist heiß und feucht,

Tropfen hängen an den Blättern und glitzern bei jedem Sonnenstrahl, der sie trifft. Feste Schuhe sind ein Muss, lange Ärmel und Hosen ebenso. Vanilleschoten wachsen wild am Wegesrand, riesige Spinnen haben gigantische Netze zwischen Ästen gewebt. Staunen ist erlaubt, stehen bleiben sollte gut überlegt sein: Beim Anhalten im Regenwald immer mit den Füßen trampeln – das hält die Schlangen fern.
Kulturell hat die Insel ebenfalls reichlich zu bieten: traditionelle Dörfer, beeindruckende Tempel, bunt geschmückte Schreine sowie größere Städte mit Märkten, auf denen sich vor allem das Kaufen von Gewürzen lohnt. Wer es scharf mag, greift zu Cabe Lombok, einer nur hier gezüchteten Chilisorte. Auch speziell: die Musik von Lombok. Sie begleitet Prozessionen, und der Tanz ist Ausdruck des Glaubens.

Der Gunung Rinjani schickt immer wieder markante Rauchsäulen in den Himmel. Der 3726 Meter hohe Vulkan im Zentrum der Insel ist nach wie vor aktiv – auch wenn der See in der Senke des Kraters ganz still und ruhig daliegt. In seiner Mitte qualmt der ebenfalls aktive Vulkan Gunung Baru. Auch ohne Rauch steht er oft im Nebel: Wolken bleiben an ihm hängen und verschleiern seine wahre Größe. Die hinduistischen Balinesen verehren ihn seit jeher als Sitz der Götter.

KOMODO

Lage: zwischen Sumbawa und Flores in der Floressee gelegen
Beste Reisezeit: April–November

Die kleine Insel Komodo mit einer Fläche von knapp 400 Quadratkilometern wird von trockenem Klima beherrscht und weist deshalb karge und schroffe Berggipfel auf. Auf dem Eiland leben 2000 Menschen, die meisten in dem Dorf Komodo. Bekannt ist die Insel aber vor allem aufgrund des Komodowaran-Bestands. Der Nationalpark ist das Schutzgebiet des Komodowarans, der nur noch hier vorkommt und im Regenwald und der Savanne ideale Voraussetzungen für die Jagd auf Wildschweine oder Hirsche findet. Der Nationalpark reicht über die zu den Kleinen Sundainseln gehörende rund 35 Kilometer lange und 25 Kilometer breite Insel Komodo weit hinaus und schließt im Wesentlichen die kleineren Nachbarinseln Padar, Rinca und Gili Motang sowie die Westküste von Flores mit ein. Die üppige Flora wird bestimmt von tropischem Monsunregenwald, von Grasland und Savanne. An manchen Orten gibt es auch dichte Mangrovenwälder mit artenreicher Fauna. Hauptattraktion ist der Komodowaran, die größte Echsenart der Welt. Als tagaktiver Bodenbewohner lebt er vorwiegend von Säugetieren wie Wildschweinen oder Hirschen, von größeren Vögeln, Giftschlangen und Schildkröten. Die Parkverwaltung schätzt den Bestand dieser rund

drei Meter langen »Drachen« im Schutzgebiet auf etwa 6000 Exemplare; auf der Insel selbst sollen noch ungefähr 3000 oder deutlich weniger Tiere leben. Ihre Gefährlichkeit sollte man keinesfalls unterschätzen, in Begleitung von Wildhütern kann man sie aber gut beobachten. Grundsätzlich bewegen sie sich auf der Insel frei, am liebsten in den Niederungen, in Küstenlandschaft, Grasland und Savanne. Die jungen Tiere sind sehr gute Kletterer und halten sich häufig auf Bäumen auf. Erwachsene Warane sind ausschließlich Bodenbewohner, da sie aufgrund ihres Körpergewichts von über 70 Kilogramm und einer Länge von 150 Zentimetern zum Klettern zu schwer und zu unflexibel sind. Bei Gefahr allerdings können sie mit hoher Geschwindigkeit die Flucht ergreifen, und selbst Schwimmen fällt ihnen nicht besonders schwer, tauchen können sie sogar bis zu fünf Meter tief.

Neben der Tierbeobachtung an Land sind die Tauchreviere, die Komodo und Rinca vorgelagert sind, sehr beliebt, allerdings sind sie aufgrund der Strömung im Süden vor Komodo recht anspruchsvoll.

Mit seiner langen, tief gespaltenen Zunge kann der Komodowaran feinste Duftstoffe auf- und über ein im Gaumen sitzendes Geruchsorgan wahrnehmen. Aas wittert er über eine Entfernung von bis zu fünf Kilometern hinweg.

RAJA AMPAT

Lage: Archipel aus 600 Inseln vor der Westküste Neuguineas
Beste Reisezeit: Mai–September

Aufgepasst, Great Barrier Reef! Hier kommt die Konkurrenz: der Raja-Ampat-Archipel vor der Westküste Neuguineas. In einem Labyrinth aus 600 Inseln schwimmen etwa 1200 Fischarten. Rund 450 Korallenarten sind hier heimisch, ebenso Riesenmuscheln. Damit leben mehr als zwei Drittel aller Korallenrifftiere der Welt in diesem »Korallendreieck« zwischen Sumatra, den Philippinen und Papua-Neuguinea. An der Grenze zwischen Indischem Ozean und Pazifik reisen Taucher in eine andere Welt und gehen mit jedem Flossenschlag der Evolution buchstäblich auf den Grund. Mangrovenwurzeln und Korallen unter Wasser bilden gemeinsam perfekte Verstecke für Jungfische, die so ihren Feinden entwischen.
Tektonische Verschiebungen erschufen einst die Steilwände und Lagunen, die den unterschiedlichsten Arten Lebensraum bieten, daher kommt die Vielfalt in diesem Teil des Ozeans. Doch das Paradies ist in Gefahr: bedroht von Seenomaden, die mit Sprengstoff fischen, von der Schleppnetzfischerei und dem Abholzen der tropischen Wälder auf den Eilanden. Gerade das hat fatale Folgen: Ohne wurzelnde Bäume verlieren die Berghänge den Halt, rutschen bei Regenfällen oder durch Windverwehungen ab und setzen dem Meer in Küstennähe mit Sediment zu. Damit zerstören sie den Lebensraum der Korallen.

Felsen, Inselchen mit winzigen, weißen Stränden und Lagunen: Der Raja-Ampat-Archipel ist von außen betrachtet felsig und grün, doch unter Wasser herrscht überaus reges Treiben. Tausende Tierarten finden hier Raum und Nischen zum Überleben.

LUZON

Lage: zwischen Südchinesischem Meer und Philippinensee
Beste Reisezeit: ganzjährig heiß und feucht, etwas trockener zwischen Dezember und Mai

Luzon ist die größte Insel der Philippinen und zählt zu den am dichtesten besiedelten der Erde. Sie liegt zwischen Südchinesischem Meer, der Philippinischen See und der Luzonstraße. Gemeinsam mit den Inselgruppen Visayas, Mindanao und unzähligen kleinen Inseln bildet die gleichnamige Inselgruppe den Inselstaat der Philippinen. Die Insel ist sehr gebirgig, Kordilleren verlaufen in Nord-Süd-Richtung und begrenzen breite Tiefebenen im Inneren. Es gibt zahlreiche aktive Vulkane, darunter den Pinatubo und den wegen seiner idealtypischen Form eines Stratovulkans bekannten Mayon. Mit der Laguna de Bay befindet sich nach dem Tobasee auf Sumatra der zweitgrößte Süßwassersee Südostasiens auf Luzon.
Fast 500 Jahre lang galt der Pinatubo im Zentralbereich der philippinischen Insel Luzon als erloschen. Das änderte sich aber 1991 mit einem der gewaltigsten Ausbrüche des 20. Jahrhunderts. Damals schleuderte der bis heute aktive Schichtvulkan Millionen von Tonnen Asche und Gestein bis zu 15 Kilometer hoch in die Atmosphäre und beeinträchtigte damit das globale Klima. Der Staub schwächte die Sonneneinstrahlung ab und führte im Jahr

1992 zu einer globalen Abkühlung um 0,5 Grad Celsius. Unglücklicherweise wütete damals zugleich ein Taifun in der Region, und durch heftigen Regengüsse bildeten sich Lahars. Diese riesigen Schlammströme aus Wasser, Asche und Gesteinsbrocken rissen alles mit, was sich ihnen in den Weg stellte. Auf der Bicol-Halbinsel im Südosten von Luzon erhebt sich der etwa 2460 Meter hohe Schichtvulkan Mayon. Er gilt wegen seiner fast symmetrischen Form als einer der schönsten Vulkane der Erde, ist aber auch berüchtigt für seine überraschend einsetzenden Ausbrüche. Als der zweithöchste Vulkan der Philippinen gehört er zugleich zu den aktivsten Feuerbergen des Inselstaates und ist seit den ersten Aufzeichnungen von 1616 über 45 Mal ausgebrochen, zuletzt Ende 2009 und Anfang 2010. Da er in dicht besiedeltem Gebiet steht, birgt jeder seiner Ausbrüche ernste Gefahren für die Menschen in den Städten und Dörfern in seiner Umgebung, wie etwa beim bislang verheerendsten Ausbruch im Jahr 1814 mit mehr als 1200 Todesopfern.

Majestätisch erhebt sich der Mayon vor den Reisfeldern, und in der Abendsonne mit einem Wolkenschleier sieht der aktive Feuerberg geradezu friedlich und ruhig aus. Der Boden im Umkreis des Vulkans ist ausgesprochen fruchtbar, weshalb die Gebiete am Fuß des Berges landwirtschaftlich genutzt werden.

BORACAY

Lage: nordwestlich von Panay
Beste Reisezeit: November–April
www.wowphilippines.de

Trommeln schlagen laut und rhythmisch. Die Tänzer beginnen langsam. Geraten in einen Zustand von Rausch und Trance. Überall in den Straßen finden sich fröhlich tanzende Menschen – das Ati-Atihan Festival auf Boracay hat begonnen. Jedes Jahr in der dritten Januarwoche findet es zu Ehren von Santo Niño, dem heiligen Jesuskind, statt. Filipinos mit Instrumenten und bemalten Körpern ziehen in Paraden zum White Beach, mittlerweile ist das Fest zu einem Mix aus katholischen Ritualen, einheimischem Schauspiel und Touristenattraktion geworden. Am folgenden Tag gibt es eine große Prozession. Der letzte Festivaltag steht im Zeichen eines Wettkampfs zwischen unterschiedlichen Volksstämmen. Die Kämpfer tragen aufwendige und farbenfrohe Kostüme und Kopfbedeckungen, die aus verschiedenen Materialien hergestellt sind, wie beispielsweise Federn, Blättern, Muscheln oder Bambus, Glas, Metall und Plastik. In der abschließenden Prozession tragen Gläubige die Bilder von Santo Niño. Dieses Fest zählt zu den buntesten und ausgelassensten, die man auf den Philippinen feiert. Und es liegt in der besten Reisezeit für Touristen: Mit wenig Niederschlägen und durchschnittlichen Tagestemperaturen von etwa 26 Grad.

Ihm zu Ehren wird auf dieser Insel groß gefeiert: Santo Niño. Eine Heiligenfigur steht auf dem Willy Rock an einer Klippe über dem Meer, darunter heller Sand und Palmen. Auf Boracay ist der rund 3,5 Kilometer lange White Beach die beliebteste Location für den Bade- oder Tauchurlaub. Auch Kite- und Windsurfen ist hier aufgrund des Windes möglich.

CEBU

Lage: zwischen Südchinesischem Meer und Philippinensee
Beste Reisezeit: Januar–April
www.cebucitytourism.com

Durch seine Lage zwischen den vielen Nachbarinseln ist Cebu vor Taifunen oder starken Stürmen gut geschützt. Nach Manila ist Cebu City auf Cebu die wichtigste Stadt und Handelsmetropole der Philippinen. Die aufstrebende Stadt weist einige wenige Sehenswürdigkeiten auf, wie den Carbon Market, einen großen Straßenmarkt in Downtown, und die älteste christliche Kirche der Philippinen, die Basilica del Santo Niño. Doch die meisten Besucher zieht es schnell hinaus in die kontrastreiche Insellandschaft. Badeurlauber sind von den Lagunen und paradiesischen Stränden verzaubert. Taucher kommen auf die Insel wegen der vielen Tauchreviere mit außergewöhnlichen Korallen und Tropenfischen, und auch Surfer und Segelfreunde kommen auf ihre Kosten. Einsame Strände, Hochlandschaften oder aufregende Pfade durch den teils zerklüfteten Regenwald können Wanderer erkunden. Moalboal ist ein Touristenort, der sich zum Tauchen sehr gut eignet, und in nur drei Kilometer Entfernung befindet sich der beliebte Panagsama Beach.

Die Kawasan Falls nahe Matutinao verbinden drei natürliche Pools miteinander: eine Badeoase!

BOHOL

Lage: im Zentrum der Inselgruppe Visayas im Pazifik
Beste Reisezeit: Dezember–April, da ist es weniger schwül als in den Sommermonaten
www.bohol-life.de

Mit einer Küstenlänge von 332 Kilometern ist Bohol die zehntgrößte Insel der Philippinen und bietet neben spektakulärer Natur auch historische Stätten. Ganz in der Nähe der Hauptstadt Tagbilaran befindet sich das Blood-Compact-Denkmal. Die Männer stellen den spanischen Konquistadoren Miguel López Legazpi und den Inselhäuptling Datu Sikatuna dar, die an diesem Ort 1565 zum Zeichen der Freundschaft ihrer beiden Völker Blutsbrüderschaft getrunken haben. Kaum zu entdecken ist der vom Aussterben bedrohte Koboldmaki oder Tarsier. Die braunroten Tierchen mit den großen Ohren sind etwa so groß wie eine Männerhand und gehören zu den kleinsten Primaten. Auffällig sind ihre riesigen, starren Augen. Dafür können die Koboldmakis ihren Kopf um 180 Grad in beide Richtungen drehen.

Chocolate Hills, »Schokoladenhügel«, heißen diese bizarren Berge, die in der Mitte der Insel liegen. 1268 dieser perfekt geformten, kegelförmigen Kalksteinhügel gibt es auf Bohol. Sie sind zwischen 40 und 120 Meter hoch. In der Trockenzeit verdörren die Pflanzen zu einem kräftigen Braun, daher der Name.

MINDANAO

Lage: südlichste Inselgruppe der Philippinen, zwischen der Sulusee im Westen und der Philippinen-See im Osten
Beste Reisezeit: Dezember–März, keine Taifune auf der Insel
www.tourism inthephilippines.com
www.philippinen-life.de

Mindanao, die zweitgrößte Insel der Philippinen, ist eine Schatzkiste an Naturschönheiten: Es gibt spektakuläre Wasserfälle wie die María-Cristina-Zwillingswasserfälle, die fast 100 Meter in die Tiefe rauschen. Es gibt unberührte Strände, die Apo Beach, Talomo Beach oder Mabua Beach heißen. Im Landesinneren steht intakter Regenwald, in dem viele vom Aussterben bedrohte Tiere heimisch sind. Auch der mit 2954 Metern höchste Berg der Philippinen, Mount Apo, liegt auf Mindanao. Die Wanderung zum Gipfel führt durch unterschiedliche Landschaften und ist unvergesslich. Doch das Paradies ist nicht mehr intakt. Im Dezember 2011 fegte der Taifun Washi über die Insel und hinterließ eine Schneise der Verwüstung. Nach tagelangen Regenfällen kam es im Norden zu einer furchtbaren Flutkatastrophe; außerdem gibt es immer wieder Unruhen zwischen verschiedenen verfeindeten Rebellengruppen.

Der mächtige Philippinenadler, einer der weltweit größten, ist nur auf vier Inseln des Archipels heimisch. Seine Flügelspannweite kann über zwei Meter betragen, seine Körperlänge über einen Meter, und ein Männchen kann bis zu acht Kilo schwer werden. Der majestätische Greifvogel ist auch als »Affenadler« bekannt. Früher nahm man an, er würde sich von Affen ernähren. Forschungen ergaben aber, dass er alle Lebewesen frisst, die er erlegen kann.

CAMIGUIN

Lage: etwa zehn Kilometer nördlich von Mindanao im Pazifik
Beste Reisezeit: Februar–Mai
www.camiguin.gov.ph

Camiguin wird ausgesprochen wie das englische »come again« (komm wieder). So freundlich der Name des Eilands, so nett sind auch seine Bewohner. Während Fremde auf dem übrigen Archipel mit »Hi Joe« begrüßt werden, heißt es auf Camiguin »Hello friend«. Es kommen nur wenige Besucher, und jeden empfangen die Camiguenos wie einen Freund. Die nahezu kreisrunde Insel gilt als eine der schönsten der Philippinen. Tosende Wasserfälle wie der Katibawasan oder Tuasan rauschen über 70 Meter in die Tiefe. Bei tropischen Temperaturen verspricht ein Bad im schäumenden Nass angenehme Erfrischung. Markant sind die fast immer wolkenverschleierten

SAMAL

Lage: im Golf von Davao, im Südosten der Insel Mindanao
Beste Reisezeit: Dezember–März
www.samal-island.com

Samal ist die größte von neun Inseln, die »Island Garden City of Samal« heißen. Besucher sollten sich vor »Kapre«, einer mythischen Kreatur, in Acht nehmen. Wenn dem rauchenden Riesen mit übernatürlichen Kräften jemand gefällt, fängt er ihn und sperrt ihn in den hohlen Stamm eines Baletebaums, bis das Opfer seine Liebe erwidert.

Früher stand hier eine Farm, die Südseeperlen gezüchtet hat. Das ist lange her, nur der Name des Luxushotels »Pearl Farm Resort« erinnert an die Vergangenheit. Allerdings werden die Gäste ebenso feinfühlig behandelt wie einst die schimmernden Perlen.

neun Vulkane, die wie steinerne Götter über das kleine Eiland wachen. Ihnen ist auch der fruchtbare Lavaboden zu verdanken, auf dem Kokosnusspalmen, Bananenstauden und die Lansibäume mit den kugelrunden Früchten gut gedeihen. Lanzones sind aromatisch-süß, mit bitterem Kern. Ihnen zu Ehren feiern die Einwohner im Oktober ein fröhliches und farbenprächtiges Erntespektakel.

Ein großes, weißes Kreuz steht auf einer Mini-Insel und ragt in den malerisch purpurfarbenen Abendhimmel. Das Mahnmal erinnert an den Friedhof einer spanischen Kirche, der 1871 im Meer versank. Ein gewaltiger Vulkanausbruch mit gleichzeitigem Erdbeben zerstörte die Kirche, deren Ruinen noch zu besichtigen sind. Das Beben war so heftig, dass das Stück Küste mit dem Friedhof abbrach und in den Fluten unterging.

TAWI-TAWI-INSELGRUPPE

Lage: am südwestlichen Ende des philippinischen Archipels, vor der Ostküste Malaysias
Beste Reisezeit: Dezember–Februar

Zur Provinz Tawi-Tawi gehören 307 Inseln, und jede ist anders. Turtle Island etwa haben sich Schildkröten auserkoren. Sitangkai gilt als Venedig des Fernen Ostens, nur leuchten statt Kirchtürmen Minarette in der Sonne. Das tägliche Leben, der ganze Handel und Verkehr spielen sich auf kleinen, bunten Holzbooten ab.

Früher verließen die Badjaos ihre traditionellen Segelschiffe, die Lepas, fast nie. Von der Geburt bis zu ihrem Tod leben die Seenomaden auf dem Wasser. Heute sind viele sesshaft geworden und wohnen in den Stelzenhäusern auf Bongao.

Wahrzeichen der rund sechs Kilometer östlich von Praslin gelegenen Seychelleninsel La Digue sind riesige, glatte Granitblöcke am Pointe Source d'Argent, die ihren rötlichen Farbton durch eingelagerten Feldspat erhalten haben. Dank der besonderen Entstehungsgeschichte und der abgeschiedenen Lage konnte sich auf den »Inner Islands«, zu denen auch La Digue gehört, eine einzigartige Flora und Fauna entwickeln.

KERKENNA-INSELN

Lage: Die Kerkenna-Inseln liegen vor der Ostküste Tunesiens im Golf von Gabs
Beste Reisezeit: Mai bis Oktober
www.gotunesien.com

Sie sind zu sechst, aber nur zwei von ihnen sind bewohnt: die Kerkenna-Inseln. Etwa 15 000 Menschen, die Kerkennis, leben auf den beiden Hauptinseln Chergui und Garbi. Es herrscht eine verträumte Atmosphäre, viele Einwohner sind Fischer. Boote schaukeln im Hafen oder ein paar Kilometer von der Küste entfernt vor einer schönen Kulisse aus fast weißem Sand, Sonnenschirmen mit Strohdächern und Palmen, die in den blauen Himmel ragen. Doch solche Strände findet man nicht überall auf den Inseln, weite Teile der Küste sind felsig. Nur etwa 20 Kilometer vom Festland entfernt gelegen, lockt die Inselgruppe in der Hochsaison Tausende Touristen, die vor allem Tagesausflüge dorthin unternehmen. Etwa eine Stunde braucht die Fähre, die zwischen dem Festland und dem kleinen Archipel regelmäßig verkehrt.

Die Kerkennis haben eine eigene Kultur entwickelt, dazu gehört auch die Methode des Fischfangs. Das Netz ist an Stäben befestigt, die Fischer lassen es von ihrem Boot aus ins flache Wasser gleiten. Fische schwimmen darüber und sitzen in der Falle. Eine Methode, welche die Phönizier bereits vor 2500 Jahren anwendeten.

DJERBA

Lage: Insel im Mittelmeer vor der Ostküste Tunesiens
Beste Reisezeit: April bis Oktober
www.djerbatourisme.com

Ob Odysseus nach seiner neuntägigen Irrfahrt wirklich auf Djerba landete, ist ungewiss. Jedoch spricht einiges dafür, dass die Insel der Lotophagen, die Homer beschreibt, das Eiland vor der Ostküste Tunesiens ist. Der Sage nach ernährten sich die Einwohner von Blumen. Hier erholte sich Odysseus von den Strapazen des Sturms auf hoher See und wollte wahrscheinlich gar nicht wieder weg. Zu schön ist die Landschaft aus Puderzuckerstränden, Palmen und dem in allen Blautönen leuchtenden Ozean. Wie auch in der Sage des griechischen Dichters eine Insel aus Farben, blühenden Blumen und Düften. Wer mit dem Schiff anreist, landet in einer Märchenwelt: weiße Häuser mit blauen Fensterläden, dazu hallt der Ruf des Muezzins durch die Straßen. Nach den turbulenten Ereignissen der vergangenen Jahre, etwa den Protesten in den arabischen Staaten oder dem Anschlag auf der Insel, ist seit Längerem wieder Ruhe eingekehrt.

Djerba ist für seine farbenprächtigen Keramiken bekannt, die es beispielsweise auf dem Markt in Houmt Souk, dem Hauptort mit etwa 65 000 Einwohnern, gibt. Den Ort haben wahrscheinlich schon die Römer gegründet.

GIFTUN-INSELN

Lage: vor der Ostküste Ägyptens im Roten Meer
Beste Reisezeit: ganzjährig, im Sommer sehr heiß
www.egypt.travel

Der Arabische Frühling hat schon anderthalb Jahre nach den Ereignissen Geschichte geschrieben und die Tourismusgebiete waren nicht von den Unruhen betroffen; in den Urlaubszentren am Roten Meer geht alles seinen geregelten Gang. Vor allem Hurghada an der Küste hat weder etwas von seiner Attraktivität noch seinen Besucherzahlen eingebüßt. Es ist ein Paradies für Taucher, die Unterwasserwelt des Roten Meeres ist weltberühmt. Besonders die Giftun-Inselgruppe lockt mit farbenprächtigen Korallenriffen und bunten, exotischen Fischen in ihr nasses Reich. Besteht das schöne Hauptellland über der Wasseroberfläche beinahe »nur« aus Traumstränden mit feinstem, fast weißem Sand, Palmen und Liegestühlen unter strohgedeckten Schirmen, so lässt sich ein paar Meter darunter eine faszinierende Welt entdecken. Etwa eine Stunde dauert die Bootsfahrt von Hurghada zum Mahmya Beach, einem etwa 280 Meter langen Strand mit kristallklarem Meer. Er steht als Teil des Nationalparks Rotes Meer unter Naturschutz.

Sie strahlen buchstäblich in alle Richtungen: Feuerfische sind zweifellos die Stars der Meeresbewohner in puncto auffälliger Gestalt (großes Bild). Ebenfalls ein farbenprächtiger Zeitgenosse, der durch die Korallenriffe des Roten Meeres streift: der Lippfisch (kleines Bild oben). Wer die Falterfische (kleines Bild unten) sehen will, muss etwa 18 Meter tief tauchen. Die rund 20 Zentimeter kleinen Tiere sind auffallend bunt: schwarz, weiß, blau, rot, orange und gelb gemustert.

DAHLAK-ARCHIPEL

Lage: Inselgruppe im Roten Meer vor der Hafenstadt Massawa
Beste Reisezeit: November bis März

Mehr als 200 Inseln bilden den Dahlak-Archipel, einen von zwei Nationalparks in Eritrea. Aus der Vogelperspektive leuchten die Eilande wie weiße Perlen, die jemand auf einem blauen Samtteppich verteilt hat. Ein passender Vergleich, denn hier war einst das Zentrum der Perlenfischerei im Roten Meer. Diese Zeiten sind lange vorbei. Heute leben die etwa 2500 Menschen vom Tourismus, vom Fischfang und der Seegurkenzucht. Nur vier Inseln sind bewohnt. Die anderen sind flache Sandbänke oder nackte Felsen, die aus dem Meer ragen. Miniwüsten, deren unwirtliche Landschaft an den Mond erinnert, nur belebter,

SANGANEB-ATOLL

Lage: an der Westküste im Roten Meer, etwa 30 Kilometer nordöstlich von Port Sudan
Beste Reisezeit: November bis April

Pioniergeist, Mut und Geduld gehören unbedingt ins Gepäck jedes Sudanreisenden. Wer damit ausgestattet ist und auf Handy und E-Mails verzichten kann, erlebt ein kleines Paradies Afrikas, zumindest unter Wasser. Das Sanganeb-Atoll ist der erste Marine National Park im Sudan. Auf einem gut 2600 Hektar großen Gebiet liegen mehr als 120 Korallenriffe. Schon von Weitem weist ein markanter, 50 Meter hoher Leuchtturm vorbeifahrenden Schiffen den Weg durch die gefährliche, riffreiche Passage. 268 Stufen führen unter heißer Sonne zur Spitze, doch der Aufstieg ist jede Mühe

heißer und gleißender. Ganz anders sieht es unter Wasser aus: Farbenprächtige Fische veranstalten vor der Kulisse bizarrer Korallenlandschaften ein buntes Spektakel. Fauna und Flora sind einzigartig, authentisch und von Menschenhand unberührt – eine Folge des 30-jährigen Unabhängigkeitskriegs mit Äthiopien. Während dieser Zeit hatten die Bewohner den Archipel verlassen und die Unterwasserwelt konnte sich ohne jeden menschlichen Einfluss entwickeln.

Am besten erkundet man den Dahlak-Archipel per Segelboot. Die Wellen plätschern gegen den Bug und das Schiff gleitet an den Inseln vorbei. Der Kapitän kennt die schönsten und wirft vor ihnen den Anker. Wenn die Passagiere das Eiland betreten, fühlen sie sich wie die Entdecker Eritreas im 17. Jahrhundert. Kein Wunder, verändert hat sich seitdem nichts.

wert, denn die Sicht auf die Korallenlandschaft und ihre Bewohner ist einmalig. Das Wasser ist so klar, dass die bunten Tropenfische, Delfine, Schildkröten und Haie gut zu erkennen sind. Seit der kommerzielle Fischfang verboten ist, hat sich der Bestand der Grauen Riffhaie, Hammer- und Tigerhaie stabilisiert. Entgegen ihres schlechten Rufs sind Unfälle sehr selten. Haie sind keine Menschenfresser und die meisten Taucher erleben Glücksgefühle, wenn sie den beeindruckenden Tieren etwas näher kommen.

Die exotischen Fische im Roten Meer vor dem Sanganeb-Atoll funkeln unter Wasser. Die in den Farben eines Sonnenuntergangs leuchtenden Tiere tragen auch noch den märchenhaften Namen Juwelen-Fahnenbarsch. In einem Schwarm leben mehr Weibchen als Männchen, manchmal liegt die Verteilung bei 50 zu eins.

SAL

Lage: Insel am nordöstlichen Rand der Kapverden im Atlantik vor der Westküste Afrikas
Beste Reisezeit: ganzjährig, November bis Juni starker Passatwind
www.kapverden.de

Weiß schäumt die Welle an den Strand, dahinter liegt der Atlantik in stillem Türkis. Fast bewegungslos dümpeln gelbe, blaue und rote Holzboote auf dem Meer, manche sind Fischerbötchen, andere haben Touristen zum Tauchen oder Schnorcheln rausgefahren. Beim Landeanflug liegt die Insel wie eine goldene Perle im tiefblauen Ozean, der zu den Stränden in immer helleren Farben strahlt. Sal besteht hauptsächlich aus Sand, Wüste und trockenen Gebieten. Bis auf den Monte Grande mit einer Höhe von gerade einmal 405 Metern ist das Eiland flach.

BOA VISTA

Lage: Insel der Kapverden im Atlantik, 455 km vor der Westküste Afrikas
Beste Reisezeit: April–Dezember, im September allerdings durchschnittlich sieben Regentage
www.kapverden.de

»Schöne Aussicht« bedeutet der Name der Insel. Und egal, wohin man auf Boa Vista schaut, der Anblick fasziniert. Beispielsweise zählt die Praia de Santa Monica im Süden zu den schönsten Stränden der Kapverden. Darauf lässt sich herrlich vom Aussichtspunkt Rocha Estância aus 354 Metern Höhe herabschauen. Aber nicht nur das: Von hier aus sind auch die Nachbarinseln Maio und São Nicolau zu sehen. Am Strand gibt es außerdem etwas ganz Spezielles zu beobachten: Meeresschildkröten legen hier ihre Eier ab. Das tun sie hauptsächlich

Wolken können nirgends hängen bleiben, deswegen regnet es dort fast nie. Aus diesem Grund hat sie sich auch zu einem der beliebtesten Ziel für Touristen auf den Kapverdischen Inseln entwickelt. Seinen Namen hat »Sal« übrigens vom Salz. Lange Zeit betrieb man hier Abbau und Export des kristallinen Würzmittels, heute laden mit warmem Salzwasser gefüllte Salinen zum Baden ein.

Einer der schönsten Strände liegt ganz im Süden der Insel, bei Santa Maria. Von November bis Juni fegen starke Passatwinde über Sal und sorgen für meterhohe Wellen, und die sind beliebt bei Wellenreitern. Urlauber finden hier kilometerlange und bis zu 200 Meter breite Strände. Das Städtchen Santa Maria wartet auf mit pastellfarbenen Häuschen und einem Waagehaus, in dem einst das Salz abgewogen wurde.

nachts, doch viele von ihnen sind morgens auf ihrem Rückweg ins Meer noch zu sehen. Sie stehen unter Schutz, da viele Arten vom Aussterben bedroht sind. Tierschützer kümmern sich vor Ort, denn trotz strenger Verbote werden die Tiere noch immer geschlachtet und ihre Gelege geplündert. Strand gibt es auf Boa Vista reichlich: rund 55 Kilometer. Auch die Hauptstadt Sal Rei ist sehenswert mit ihren Gebäuden im Kolonialstil und dem Marktplatz.

Boa Vista trägt den Beinamen »die Gemütliche«. Das drittgrößte Eiland der Kapverden liegt südlich von Sal und ist mit 455 Kilometern Entfernung dem afrikanischen Kontinent am nächsten. Wüsten und Dünen prägen die Insel, wie hier die Praia da Chave nahe der Stadt Rabil. Dieser Strand an der Westküste ist etwa zehn Kilometer lang, exklusive Hotels haben ihn als Hotspot entdeckt.

SANTIAGO

Lage: Größte Insel der Kapverden im Atlantik vor der Westküste Afrikas
Beste Reisezeit: ganzjährig, Regenzeit von Ende August bis Mitte Oktober
www.kapverden.de

Mit 991 Quadratkilometern ist Santiago die größte der Kapverdischen Inseln. Sie ist eine »Ilha de Sotavento«, also eine Insel unter dem Wind im Süden des Archipels. Ihr vulkanischer Ursprung ist an den zerklüfteten Bergen, tiefen Kratern und Tälern gut zu erkennen. Höchste Erhebung ist der Pico de Antónia mit 1394 Metern. Das Gebirge im Zentrum der Insel fängt die Regenwolken ab – Santiago ist die grünste und landwirtschaftlich produktivste Insel der Kapverden. Daher auch ihr Beiname »die Fruchtbare«. Ein so großes Eiland hat natürlich auch eine Menge zu bieten. Schon 1461 kamen die ersten portugiesischen Siedler, im 16. Jahrhundert blühte dort der Sklavenhandel. Auch deshalb gilt Santiago heute als die afrikanischste der Kapverdischen Inseln – viele Afrikaner sind dort geblieben. Den dominierenden Gebirgszügen in der Mitte sind zahlreiche fruchtbare Hochebenen, die »Achadas«, zu verdanken. Akazien und Feigen gedeihen auf diesen Tafelbergen aus Lavagestein. Im äußersten Norden und Süden ist die Landschaft dagegen karg, Trockentäler, die »Ribeiras«, durchziehen die Regionen.

Der Serra Malagueta National Park ist ein Schutzgebiet im Norden Santiagos und lockt vor allem im Herbst nach der Regenzeit in seine sattgrüne Bergwelt. Die Hochebene des Parks liegt auf 775 Metern und bietet Ausblicke bis zu den Nachbarinseln Fogo und Maio. Eine schöne Tour führt hinab an die Ostküste in die »Ribeira Principal«.

GOREE

Lage: etwa drei Kilometer vor der senegalesischen Hauptstadt Dakar
Beste Reisezeit: Dezember–Mai
www.senegalreisen.org

Vom 15. bis zum 19. Jahrhundert war die nur etwa 35 Hektar große Insel Gorée im Besitz verschiedener europäischer Kolonialmächte – Portugal, Holland, England und Frankreich. Handelskompanien aus diesen Ländern befestigten die Insel und verschifften von hier aus Zigtausende afrikanischer Sklaven vor allem nach Haiti, Kuba, Louisiana und Brasilien. Auf jeden verschleppten Afrikaner, der sein Bestimmungsziel lebend erreichte, dürften vier bis fünf Tote gekommen sein. Die Bevölkerung der kleinen vulkanischen Insel war schon früh ethnisch stark gemischt. Aus diesen »Métis« ging im 18. Jahrhundert das einheimische Sklavenhändlertum hervor. Diese Händler sowie ihre Frauen, die sogenannten »Signares«, ließen sich herrschaftliche Häuser errichten, deren feudale Obergeschosse sie selbst bewohnten, während in den Zellen darunter ihr menschliches Frachtgut auf seine Verschiffung wartete. Heute ist die Insel ein Gedenkort. Drei Museen und ein noch erhaltenes Sklavenhaus dokumentieren die Geschichte der Sklaverei. Aus der Kolonialzeit vermitteln der Gouverneurspalast sowie ein von Franzosen errichtetes Fort einen Eindruck vergangener Tage.

Großes Bild: Fußball spielende Kinder auf dem Insel-Marktplatz. Bildleiste von oben: typische Wohnhäuser; in den Kellerräumen der Maison des Esclaves waren die Sklaven eingesperrt, bevor ihre Reise ohne Wiederkehr begann. Im Obergeschoss wohnten die Sklavenhändler. Straßenszene vor den bunten Häuschen.

BIOKO

Lage: Insel im Golf von Guinea, ca. 35 km vor der Westküste Afrikas
Beste Reisezeit: Januar und Februar (Trockenzeit), sonst ganzjährig viel Regen

Im Jahr 1472 entdeckte der portugiesische Seefahrer Fernão do Pó die Insel, die bis 1973 nach ihm benannt war. 1778 trat Portugal das Eiland an Spanien ab, im 19. Jahrhundert war es an Großbritannien verpachtet, das von dort aus dem Sklavenhandel ein Ende bereiten wollte. 1963 erlangte das heutige Bioko seine Autonomie, ein paar Jahre später schloss es sich mit Mbini zu Äquatorialguinea zusammen. Eine bewegte Geschichte des gerade einmal 70 Kilometer langen und 32 Kilometer breiten Fleckchens Erde. Dabei besteht Bioko hauptsächlich aus Dschungel und zwei imposanten vulkanischen Gebirgen, die es in eine nördliche und eine südliche Provinz aufteilen. Der Pico Basilé im Norden ist mehr als 3000 Meter hoch. War Bioko bis zur letzten Eiszeit vor etwa 12 000 Jahren noch als Halbinsel mit Kamerun verbunden, schätzen Forscher heute seine Isolation. Denn die Insel birgt einen wahren Schatz an Tier- und Pflanzenarten, die in den dichten Tropenwäldern zu finden sind und die es nirgends sonst auf der Welt gibt. Die Waldbüffel allerdings sind bereits vor mehr als hundert Jahren ausgerottet worden.

Naturschützer versuchen, diese einzigartige, größtenteils endemische Flora und Fauna zu bewahren. Gerade der dichte Regenwald (kleine Bilder von oben) beherbergt einen wertvollen Artenreichtum wie beispielsweise den Nektarvogel (unten) mit seinen prächtigen Farben und dem charakteristisch nach unten gebogenen Schnabel sowie die Meerkatze (großes Bild).

São Tomé und Príncipe

SAO TOME UND PRINCIPE

Lage: Inseln im Golf von Guinea, ca. 200 km vor der Küste Afrikas
Beste Reisezeit: ganzjährig, wenig Regen von Juni bis August
www.sao-tome.com

Die Insel des heiligen Thomas und die Insel des Fürsten, wie São Tomé und Príncipe übersetzt heißen, sind neben den Seychellen der zweitkleinste Staat Afrikas. Einst portugiesische Kolonie, wurden im 15. Jahrhundert Strafgefangene und von der Inquisition verfolgte Juden dorthin gebracht. Heute sind die Inseln kleine Urlaubsparadiese zwischen dem zu Äquatorialguinea gehörenden Bioko und Annobón. São Tomé ist die größere: 48 Kilometer lang und 32 Kilometer breit, leben fast alle Bewohner der Republik dort. Príncipe misst nur 16 mal sechs Kilometer. Mit der landschaftlichen Vielfalt aus Regenwald, Gebirgen, Strand und felsigen Küsten laden die Eilande besonders Naturfreunde ein, die Wanderschuhe zu schnüren. So führt eine der schönsten Touren auf den Pico São Tomé (2024 Meter): In zwei Tagen geht es durch verschiedene Klimazonen des nebelverhangenen Urwalds. Bis zu drei Meter hohe Begonien und einzigartige Orchideen sind zwei der rund 100 Pflanzenarten, die es nur auf diesen Inseln gibt.

Palmen, Sand und Meer – São Tomé und Príncipe sind ein ideales Urlaubsziel für Individualreisende. Seit den 1990er-Jahren gibt es auch ein Vier-Sterne-Hotel in der Hauptstadt São Tomé. Viele Deutsche und Schweizer sind die Investoren in Sachen Hotellerie in der demokratischen Republik, die vom Massentourismus noch weit entfernt ist. Taucher finden teils noch nicht erschlossene Unterwassergebiete, Strandurlauber können sich auf Robinson-Gefühl freuen.

ST. HELENA

Lage: im Südatlantik, zwischen Afrika (Angola) und Südamerika (Brasilien)
Beste Reisezeit: Dezember–Februar
www.sthelenatourism.com

Ohne Napoleon würde wohl kaum jemand das 17 Kilometer lange und zehn Kilometer breite St. Helena kennen. Von 1815 bis zu seinem Tod 1821 lebte der Franzose in Verbannung auf dem abgeschiedenen Eiland, das auch heute nur mit dem Schiff erreicht werden kann. Die »RMS St. Helena« ist das letzte königliche Postschiff der Welt und läuft alle drei Wochen Kapstadt an. Fünf Tage dauert die manchmal ruppige Überfahrt. St. Helena gehört zum britischen Überseegebiet und »very british« präsentiert sich die Hauptstadt Jamestown mit ihren aus dem 18. Jahrhundert stammenden Häusern. Natürlich gibt es auch den obligatorischen Fünf-Uhr-Tee mit Ingwerkeksen und Sandwiches.

Die Landschaft der Vulkaninsel St. Helena hat ihren Reiz: Eigenwillig sind die rostroten Lava-Formationen, die auf ihrem Weg ins Meer wellenförmig erstarrt sind. An der Küste gibt es wüstengleiche Gebiete mit Dünen und Felsklippen. Saftig grün und fruchtbar ist das höher gelegene Land, auf dem Kaffee, Zuckerrohr und Wachholder zur Ginproduktion angebaut werden.

TRISTAN DA CUNHA

Lage: im Südatlantik, zwischen dem Kap der Guten Hoffnung und Südamerika (Brasilien)
Beste Reisezeit: Februar ist mit 18 Grad der wärmste Monat
www.tristandacunha.org
www.tristandc.com

Tristan da Cunha ist die Hauptinsel eines sonst unbewohnten Archipels und gilt als die abgelegenste Insel der Welt. Bis zum nächsten Festland Südafrika sind es mehr als 2800 Kilometer, nach Südamerika etwa 3300. Die Nachbarinsel St. Helena liegt »nur« 2400 Kilometer entfernt. Das 98 Quadratkilometer große Eiland gehört zum britischen Überseegebiet. Die höchste Erhebung heißt Queen Mary's Peak und ragt immerhin 2000 Meter aus dem Atlantik. Knapp 300 Menschen – alle Nachkommen der sieben Ur-Familien – leben in der einzigen Stadt Edinburgh of the Seven Seas, die alles bietet, was Zivilisation ausmacht: Schulen, Shops, Kirchen, Arzt und sogar eine eigene Zeitung. Nur das Hinkommen ist nicht ganz einfach. Gute fünf Tage dauert die Fahrt von Kapstadt und Boote können nur bei gutem Wetter anlegen.

Auf Tristan da Cunha leben mehr Albatrosse als Menschen. Der Gelbnasenalbatros ist mit einer Länge von bis zu 80 Zentimetern und einem Gewicht von zweieinhalb Kilo ein kleiner Vertreter der größten flugfähigen Seevögel.

BAZARUTO-ARCHIPEL

Lage: größte Insel des Archipels in der Straße von Mosambik; 30 Kilometer vor dem Festland
Beste Reisezeit: ganzjährig, April bis November nur bis zu sechs Regentage pro Monat
www.mosambiktourismus.de

Gerade einmal zwei Flugstunden von Johannesburg entfernt liegt dieses Paradies aus Sand und Meer. Fast karibisch mutet das Eiland an mit seinem hellen Strand und dem Ozean, der es in allen Blautönen umspült. Seit den 1970er-Jahren ist der Archipel ein Marine National Park, so wird die Unterwasserwelt geschützt. Bazaruto zählt zu den besten Tauchrevieren weltweit. Wer mit dem Boot hinausfährt, kann Delfine und Meeresschildkröten, mit etwas Glück sogar Wale beobachten. Fünf Inseln gehören dazu. Urlauber haben sie »die vergessenen Inseln« genannt. Es gibt keine Straßen, sondern lediglich Sandpisten. So wundert es nicht, dass nur Geländewagen dort fahren. Bazaruto hat im Westen Tropenflair, an ihrer Ostseite dagegen eine spektakuläre Dünenlandschaft direkt am Strand. Auf einer Länge von 35 und einer Breite von etwa sieben Kilometern lässt sich auf dem Inselchen ein Badeurlaub regelrecht zelebrieren. Noch gilt der Archipel als Geheimtipp und der Massentourismus ist dort noch nicht angekommen. Komfortable Hotels stehen Gästen aber trotzdem zur Verfügung: allerdings mit gerade einmal 150 Betten. Ein einsames Strandparadies – das ist sonst fast nirgends mehr zu finden.

An der Ostküste Bazarutos wartet feinster Sand und dahinter eine wunderschöne, sanft geschwungene Dünenlandschaft. Insgesamt finden Badeurlauber rund 70 Kilometer Strand auf der Hauptinsel des gleichnamigen Archipels.

SANSIBAR-ARCHIPEL: UNGUJA

Lage: vor der Küste Tansanias
Beste Reisezeit: Juni–Februar

Pfeffer, Zimt und Vanille – Sansibar ist die Gewürzinsel vor der Küste Tansanias. Einst von den Arabern hergebracht, gedeihen diese Pflanzen prächtig in dem tropischen Klima der Hauptinseln Unguja und Pemba. Mit den Arabern kam auch der Islam: Etwa 90 Prozent der Einwohner gehören dieser Glaubensrichtung an. Sansibar erlebte im 18. Jahrhundert ein schnelles wirtschaftliches Wachstum. Aber nicht nur Gewürze, sondern vor allem Elfenbein und Sklaven wurden gehandelt. Heute steht der Tourismus im Vordergrund. Denn die Insel ist ein echtes Urlaubsparadies aus Traumstränden mit feinem weißen Sand, Palmen und einem ruhigen Ozean in strahlendem Türkis. Sonnenhungrige in Bikinis sind bei der muslimischen Bevölkerung jedoch nicht immer gern gesehen, obwohl die Urlauber viel Geld auf der Insel lassen. Wie überall in Afrika ist auch hier Homosexualität verboten, auf Sansibar drohen sogar 25 Jahre Gefängnis. Und das, obwohl Unguja einen berühmten Sohn hat: Freddie Mercury. Wer mit ihm wirbt, wie beispielsweise die Bar Mercury's nahe dem Fähranleger, begeht einen Spagat zwischen Tradition und Moderne. Komfortable und luxuriöse Unterkünfte stehen den Gästen zur Verfügung – natürlich mit Blick auf die traumhafte Küste.

Romantik pur: Mit einem Bötchen auf den Wellen dümpeln und darüber sinnieren, welches das schönere Blau ist – das des Meeres oder das des Himmels. Einheimische fahren noch mit traditionellen Dhaus hinaus, die überall im Indischen Ozean zu finden sind.

GRANDE COMORE

Lage: im Indischen Ozean, zwischen Mosambik und der Nordspitze Madagaskars
Beste Reisezeit: Mai–Oktober

Grande Comore, Ngazidja auf komorisch, ist mit gut 1013 Quadratkilometern die größte Insel der Komoren. In der Hauptstadt Moroni, die gleichzeitig auch die Kapitale der Inselgruppe ist, leben über 60 000 Menschen. Ganz in der Nähe dominiert der weltweit größte aktive Vulkan Karthala die Landschaft. Oft hängen sich Wolken an seinem großen, grauen Krater in 2360 Meter Höhe fest. Statistisch gesehen ist der Vulkan alle elf Jahre aktiv. Zuletzt spie er 2005 feurige Lava und giftige Gase aus, 40 000 Menschen wurden evakuiert. Seitdem gleicht der Gipfel einer versteinerten Wüstenlandschaft und das Besteigen der bizarr geformten Lava ist einzigartig. Moroni bedeutet auf Komorisch »im Herzen des Feuers«. Arabische Siedler gründeten die Stadt im 10. Jahrhundert als Stützpunkt für den Handel mit Sansibar. Wer durch die Strässchen in den Stadtvierteln am Hafen schlendert, reist in eine andere Welt. Männer in weißen Gewändern spielen am Straßenrand Domino oder Dame, bis sie dem Ruf des Muezzins in die Moschee folgen. Frauen in ihren reich verzierten Tüchern bringen Farbe in das Weiß und Grau der Häuser und Gassen. Wortreich gestikulierend tauschen sie den neuesten Klatsch aus.

Bei Sonnenuntergang ist der Hafen von Moroni einer der schönsten Orte der Komoren. Wolken spiegeln sich im Wasser und die Sonnenstrahlen leuchten in den mit Korallenkalk verputzen Wänden der alten Moschee »Vendredi«. Im Hafenbecken schaukeln alte Holzkähne, die zwischen Vulkanfelsen festmachen.

MAYOTTE

Lage: im Indischen Ozean, zwischen Mosambik und der Nordspitze Madagaskars
Beste Reisezeit: Mai–Oktober

Mayotte mit den bewohnten Inseln Grande Terre und Petite Terre ist die südlichste Inselgruppe im Archipel der Komoren und als das 101. Übersee-Departement auch ein Stück Europa im Indischen Ozean. Mayotte ist ein Schmelztiegel der Nationen. Die Vorfahren der heutigen Bewohner waren Araber, Malaien und Schwarzafrikaner, die als Piraten, Eroberer oder Sklaven auf die Insel kamen. Im 19. Jahrhundert verkaufte der herrschende Sultan das Eiland an die Franzosen, die es zu ihrer Kolonie machten. Derzeit noch ein Geheimtipp ist der Strand Moyo auf der Insel Petite Terre, wo tief eingeschnittene Buchten und feinster Sand den perfekten Strandtag versprechen.

Die Mahorais leben in einer matriarchalisch geprägten Gesellschaft: Die Mutter vererbt ihren Besitz an die Tochter. Auch bei religiösen Festen sind nur Frauen zugelassen. Sie ziehen sich ihre festlichste Salouva an, das traditionelle Wickelgewand, und schminken sich die Gesichter mit farbiger Porzellanerde (Bild oben). Mayotte wird auch Parfüminsel genannt Vanille und Ylang-Ylang liegen überall in der Luft. Die Vanillepflanze muss mit einem kleinen Holzspieß künstlich bestäubt werden (Bild Mitte). Die Prozedur kann nur vor der großen Hitze in den frühen Morgenstunden erfolgen. Von Hand müssen die empfindlichen Blüten der Ylang-Ylang-Pflanze geerntet werden (Bild unten). Händler zahlen viel Geld für die seidenweichen Pflanzen, die prägender Bestandteil des Parfümklassikers Chanel N° 5 sind.

MADAGASKAR

Lage: im Indischen Ozean vor der Ostküste Mosambiks
Beste Reisezeit: Mai und September für eine Tour durch ganz Madagaskar
www.madainfo.de

Madagaskar, die viertgrößte Insel der Welt, ist ein Paradies mit einer weltweit einmaligen Natur, die vom tropischen Regenwald über Mangrovenwälder, Gebirge, Palmenstrände und Wüste alles zu bieten hat. Auch die Tierwelt ist einzigartig. Allein die Lemuren sind eine Reise wert. Die Bevölkerung setzt sich aus 18 ethnischen Gruppen zusammen, jede mit ihrer eigenen Kultur und Tradition. Eines jedoch haben sie gemeinsam: die Sprache Malagasy, mit der sie sich untereinander verständigen. Madagaskar ist keine Touristenhochburg. Zum einen ist das ein großer Vorteil, denn Besucher erleben das Eiland ursprünglich und authentisch. Zum anderen verlangt diese Natürlichkeit aber nach einer gewissen Flexibilität des Reisenden. Vorgeplante Touren scheitern oft, denn die Straßen sind vor allem in der Regenzeit in schlechtem Zustand und erfordern zeitraubende Umwege. Wer aber eine gehörige Portion Abenteuergeist, Zeit und Geduld mitbringt, wird mit einer wunderbaren Reise belohnt, die unvergessen bleibt.

Geradezu unwirklich mutet die Allee der riesigen Affenbrotbäume an. Der »Adansonia grandidieri« kommt nur auf Madagaskar vor, besonders verbreitet ist er im Westen rund um Morondava. Das urzeitliche Gewächs kann bis zu 25 Meter hoch werden und einen Durchmesser von drei Metern haben. Seine Früchte und Samen sind Nahrung und Medizin, aus der faserigen Rinde werden Seile geschlagen und mit dem Holz die Dächer gedeckt.

ÎLE AUX NATTES

Lage: im Indischen Ozean vor der Nordostküste Madagaskars, südlich der Insel Sainte Marie
Beste Reisezeit: Mai und September bis Dezember
www.madainfo.de

Wer sich von den »Reisestrapazen« von der Hauptinsel Madagaskar erholen will, steuert die liebliche Île aux Nattes an. Baden, Schnorcheln und die Seele baumeln lassen ist hier angesagt. Aber die Insel ist auch für Buckelwale bekannt. Von Juni bis September wandern die Wale aus den kalten Gewässern der Antarktis in die warmen Gefilde des Indischen Ozeans, wo sie sich paaren, im folgenden Jahr kalben und ihre Jungen großziehen. Die Meeressäuger, die mit einer durchschnittlichen Länge von 13 Metern zu den kleineren Vertretern gehören, ziehen alle in ihren Bann. Es ist faszinierend, wie die Mütter mit ihren Kälbern kommunizieren. Interessant zu beobachten ist, wenn die Tiere aus dem Wasser springen, um mit elegantem Buckel (daher der Name) wieder abzutauchen. Professionelle Walbeobachter nehmen Besucher mit an Bord, die zuerst mit Schwimmwesten und Regenjacken ausgestattet werden. Die Bootsführer sind so ausgebildet, dass sie die Tiere nicht stören. Bei der Rückkehr auf festem Boden gibt es zur Begrüßung Zimt-Tee, der gegen Seekrankheit hilft.

Die Île aux Nattes ist ein kleines Paradies. Waffen, Gewalt und Gestank, wie sie in manchen Städten auf der Hauptinsel anzutreffen sind, gibt es auf dem etwa acht Kilometer langen Eiland nicht. Die Menschen sind sehr freundlich und die Uhren scheinen hier noch gemächlicher zu ticken als gemeinhin den Tropen üblich. »Murra!«: »Langsam, langsam«, heißt hier die Devise.

MAHE

Lage: im Indischen Ozean nördlich von Madagaskar und Mauritius
Beste Reisezeit: ganzjährig, Mai–September nicht ganz so hohe Luftfeuchtigkeit
www.seychelles.travel

Wer auf der Insel Mahé am Ufer entlang läuft und über die dunklen Steine klettert, findet früher oder später seinen privaten Traumstrand. Eine kleine Bucht, die verwunschen da liegt, keine Spuren sind im Sand zu sehen außer den eigenen. Granit und Korallenriffe schimmern wie schwarze Schatten auf dem flachen Meeresgrund, kleine Fische trauen sich in Schwärmen bis ins flache Wasser. Palmen wachsen windschief zwischen den bizarren Felsen und recken sich der Sonne entgegen. Hier räkelte sich Anfang der 1980er-Jahre Filmschönheit Bo Derek als »Jane« leichtbekleidet auf einem

PRASLIN

Lage: zweitgrößte Insel der Seychellen im Indischen Ozean
Beste Reisezeit: ganzjährig
www.seychelles.travel

Endlos erstreckt sich der Indische Ozean ringsum, dunkelgrün liegt das Inselinnere da. Die Vegetation auf Praslin ist tropisch, ans Schwitzen sollten sich die Urlauber schnell gewöhnen. Trotzdem lohnen Wanderungen durch den dichten Wald, oft geht es nur über Trampelpfade voran. Immer wieder eröffnen sich gigantische Ausblicke auf den strahlend blauen Ozean, der zur Küste hin in verschiedenen Türkistönen leuchtet. Im Wald sind zahlreiche endemische Pflanzen- und Tierarten beheimatet. Allen voran die Coco de Mer: Jene Palme, deren Nüsse eine eigentümlich geschwungene Form aufweisen. Bis zu 20 Kilogramm können die Früchte wiegen, die

Stein und wartete auf Tarzan, denn der Film »Tarzan – Herr des Urwalds« wurde unter anderem auf den Seychellen gedreht. Diese Inseln brauchen übrigens keinen Vergleich, um sich zu definieren. Denn die Republik bietet alles: von Palmen gesäumte Puderzuckerstrände, einen sanft plätschernden Ozean, zwölf Stunden Sonne jeden Tag und Temperaturen um die 30 Grad – so auch die Wassertemperaturen.

Runde Granitfelsen zeugen von der Historie vieler der 115 Inseln. Sie sind Überbleibsel einer versunkenen Berglandschaft mehr als 1500 Kilometer östlich von Kenia. Und Relikte des Urkontinents Gondwana. Die Geschichte der Seychellen begann vor rund 150 Millionen Jahren, mit einem Vulkanausbruch unter Wasser oder einem Meteoriteneinschlag. Kontinentalplatten verschoben sich und die Eilande wurden vom Festland abgetrennt.

einst bei den Herrschern Indiens und der Malediven sehr beliebt waren. An deren Küsten wurden immer wieder solche Nüsse angespült, Sagen und Legenden rankten sich um die geheimnisvolle Frucht. Lange glaubte man, sie stamme von einem riesigen Baum im Meer.

Wer die Coco de Mer in ihrer ursprünglichen Form sehen will, wird auf Praslin fündig. Im Vallée de Mai ist noch heute prähistorischer Urwald zu finden, in dem rund 5000 dieser Palmen wachsen. Verwunschene Pfade führen durch das grüne Dickicht, mehrere Quadratmeter große Blätter dämpfen das Sonnenlicht. Der Boden ist feucht, riesige Pfützen liegen wie stille Seen im Dschungel, Dunst steigt auf. Beeindruckend, welche gigantischen Pflanzen die Natur erschaffen kann, und natürlich gehört das Gebiet zum UNESCO-Welterbe.

LA DIGUE

Lage: im Indischen Ozean nördlich von Madagaskar und Mauritius, am Äquator
Beste Reisezeit: ganzjährig, Mai–Oktober nicht ganz so hohe Luftfeuchtigkeit
www.seychelles.travel

Bis in die Mitte des 18. Jahrhunderts blieben die Seychellen unbesiedelt, dann kamen die ersten Europäer. Doch bevor der französische Kapitän Lazàrd Picault 1742 die Inseln zufällig von Mauritius kommend fand und sie »Isle Rouge«, die rote Insel, nannte, ankerte im Jahr 1502 bereits der portugiesische Entdecker Vasco da Gama dort. 1756 annektierte Frankreich den gesamten Inselstaat, La Digue bekam 1768 seinen heutigen Namen nach einem Schiff von Marion Dufresne, einem französischen Händler und Marineoffizier. 1811 siegten die Briten und die Seychellen wurden Teil der Kolonie Mauritius. Erst 1976 erfolgte die Unabhängigkeit der rund 88 000 Einwohner zählenden Republik. Was in den 1930er-Jahren noch Verbannungsort für politische Gegner der britischen Kolonialmacht war, ist heute ein Urlaubsparadies, das seinesgleichen sucht. Besucher finden hier bezahlbaren, aber auch unerschwinglichen Luxus, Hotels und Lodges liegen an den Hotspots des Archipels oder nehmen eine komplette Insel ein. Denn viele Eilande sind so klein, dass gerade einmal ein Resort mit einigen Bunga-

lows darauf passt. Zu allem Komfort gehört auch der Luxus der Einsamkeit. Echtes Robinsonfeeling ohne störende Geräusche und Lichter, die dem sternenklaren Nachthimmel dazwischen funkeln könnten.
Wie die Hauptinsel Mahé und Praslin gehört auch La Digue zu der Inselgruppe, die am dichtesten bevölkert ist. Mit seinen knapp zehn Quadratkilometern ist es die kleinste der drei bewohnten Eilande, knapp mehr als 2000 Einwohner gibt es auf diesem tropischen Fleckchen Erde inmitten eines strahlend blauen Ozeans. Monsune bestimmen das Leben auf La Digue. Von November bis April fällt viel Regen, von Mai bis Oktober weht der Südost-Monsun trockene Luft heran. Da es keine Berge gibt, bleiben die Wolken nicht über dem Inselinneren hängen und mit rund 1620 mm ist der Niederschlag geringer als auf Mahé und Praslin.

Obwohl La Digue von einem Korallenriff umgeben ist, lassen sich überall imposante Granitfelsen entdecken. Einer der schönsten Strände der Welt ist der Anse Source d'Argent. Der Strand liegt im Westen der Insel und ist somit ein ausgezeichneter Platz, um den Sonnenuntergang zu genießen. Wenn der Feuerball im Meer versinkt, geben die letzten Strahlen den Felsen eine eigene Farbnuance – romantischer kann ein Tag im Paradies kaum enden.

LA REUNION

Lage: östlich von Madagaskar
Beste Reisezeit: April–Oktober
www.reunion.fr

Die kleinen Inseln Mauritius und La Réunion gehören zu den Maskarenen – einer rund 850 Kilometer östlich von Madagaskar gelegenen, zu Beginn des 16. Jahrhunderts von dem portugiesischen Seefahrer Pedro Mascarenhas entdeckten Inselgruppe. Beide liegen über einem Hot Spot im Erdmantel; Réunion entstand vor rund drei Millionen Jahren. Die schroffe Bergwelt um den 3070 Meter hohen, erloschenen Vulkan Piton de Neiges (»Schneeberg«) und die wilden Gebirgskessel (»Cirques«) sind zum Teil üppig bewachsen; der Piton des Neiges ist die höchste Erhebung der Insel. Riesige Magmahöhlen im Inneren des Vulkans brachen irgendwann zusammen und formen heute ausgedehnte Calderen, die wegen ihrer runden Form »Cirques« genannt werden. Im Gegensatz zum Piton des Neiges, der vor etwa 12 000 Jahren erloschen ist, ist der Piton de la Fournaise (»Glutofen«; Alter: etwa 3,8 Millionen Jahre) noch sehr aktiv. Bei einem gewaltigen Ausbruch brach 2007 sein Hauptkrater ein. In einer Flanke des Vulkans befindet sich ein etwa 250 Meter tiefes Loch, das als Trou de Fer (»Höllenschlucht«) bezeichnet wird. Der 2632 Meter hohe Vulkan Piton de la Fournaise zählt zu den weltweit produktivsten. Eine schöne Wanderung zu den Trois Bassins von St-Gilles-les-Hautes an der Westküste der »Insel der Zusammenkunft« (»La Réunion«) führt zum Bassin des Aigrettes, wo mehrere kleinere Wasserfälle von den steilen Felsen hinabstürzen.

Bei Wanderungen auf La Réunion trifft man im Inselinneren immer wieder auf üppig bewachsene Berge und tosende Wasserfälle.

MAURITIUS

Lage: ca. 900 km östlich von Madagaskar im Indischen Ozean
Beste Reisezeit: ganzjährig, Juni–Dezember weniger Regen
www.tourism-mauritius.mu

Nebelschwaden steigen auf, verschleiern das Tageslicht, das nur spärlich durch die dichten Baumkronen dringt. Bei mehr als 30 Grad Celsius erinnert die feuchte Hitze an eine Sauna – der Eukalyptuswald duftet intensiv wie ein Aufguss. Nur, dass es keine kalte Dusche nach zehn Minuten gibt, sondern dass noch etwa zwei Stunden lang ein enger Pfad zu erklimmen ist. Dieser führt geradewegs auf den Gipfel eines Berges. Fast jeden Tag regnet es auf Mauritius, kurz und heftig. Das gerade erst in Strömen herabgefallene Wasser verdunstet im Nebel und hüllt die Insel kurzzeitig in eine Wolke. Die Baumstämme sind hell und glatt, am laubbedeckten Boden wachsen nur wenige Farne. Die sattgrünen Blätter der Kronen lassen kaum Sonnenlicht durch. Plötzlich piepst es im Wald, dann ist Flattern in den Blättern zu hören: Flughunde. Wer in der Bergwelt von Chamarel im Süden von Mauritius unterwegs ist, findet Tausende Tiere ungestört in einem Tal. Von der Kuppe eines Berges aus lassen sie sich beobachten, wie sie über den Wipfeln der Bäume kreisen – und natürlich auch über den Köpfen der Wanderer. Die Luft ist dort oben wieder frischer, Hunderte Meter geht es steil

hinab in ein Meer aus hellgrünen Blättern. Die Baumkronen sehen aus wie ein riesiger, flauschiger Teppich in einem Tal. Es erstreckt sich wie eine lang gezogene Schneise zwischen zwei knapp 800 Meter hohen Bergen im Süden der Insel im Black River Gorges Nationalpark. Das nur wenige Quadratmeter große Fleckchen am Steilhang ist ein echter Geheimtipp abseits des Wegenetzes durch die Bergwelt von Mauritius. Höhepunkt in Chamarel ist der Besuch eines als Park erschlossenen Geländes der sogenannten »farbigen Erden«, das bei Sonnenschein knallrot, silbrig grau und gelblich schimmert. Für dieses Naturphänomen gibt es bisher noch keine wissenschaftliche Erklärung.

Einer der dramatischsten Momente der Inselwelt von Mauritius: Der Chamarel-Wasserfall im Südwesten des Eilandes stürzt sich 100 Meter in die Tiefe – und die Bäume scheinen ihm dabei andächtig zuzuschauen. Das Strand- und Tauchparadies im Indischen Ozean punktet zunehmend als Wanderregion und forstet seine Wälder auf, setzt auf Umwelt- und Naturschutz und legt großzügige Nationalparks an. Außerdem gibt es natürlich weichen, fast weißen Sand, wunderschöne Tauchreviere und luxuriöse Beach-Resorts. Überall auf Mauritius gibt es Strände, die für Einheimische und Urlauber gleichermaßen zugänglich sind.

Die Palau-Inseln gehören zu Mikronesien. Es sind große Inseln innerhalb eines gemeinsamen Außenriffs. Um die Hauptinsel Koror erheben sich rund zweihundert Korallenkalkgebilde, die Floating Garden Islands.

CHRISTMAS ISLAND

Lage: 350 km südlich von Java im Indischen Ozean, gehört zu Australien
Beste Reisezeit: Februar–Oktober

Auf der Weihnachtsinsel wachsen weder Tannenbäume noch wohnt dort der Weihnachtsmann. Die zu Australien gehörende Insel südlich von Java heißt so, weil sie an Weihnachten im Jahr 1643 von dem holländischen Seefahrer William Mynors entdeckt wurde. Der blieb über die Feiertage gleich dort und ließ sich den warmen Wind um die Nase wehen. Das 135 Quadratkilometer große Eiland ist aber nicht allein mit seinem außergewöhnlichen Namen: James Cook entdeckte eine weitere Weihnachtsinsel im Jahr 1777. Und weil das auch der 24. Dezember war, heißt sie eben genauso. In unmittelbarer Nachbarschaft befinden

KOKOSINSELN (KEELINGINSELN)

Lage: australischer Außenposten, etwa 1000 km südwestlich von Java
Beste Reisezeit: ganzjährig heiß, wenig Regen von August bis Dezember

Nur 14,2 Quadratkilometer Fläche besitzen die Atolle insgesamt, etwa 600 Einwohner zählen sie. Die meisten von ihnen sind Cocos Malays – eine Ethnie, die sich auf den Kokosinseln im Laufe der Zeit entwickelte. Alles, was sonst entstand, ist ebenfalls von diesen Eilanden, denn sie waren noch nie mit dem Festland verbunden. Säugetiere sucht man vergebens. Aber Vogelarten tummeln sich dort, wie Rotfußtölpel und Fregattvögel. Eine besondere Krebsart fühlt sich ebenfalls wohl: der Palmendieb. Er kann bis zu 40 Zentimeter groß und vier Kilo

sich die Inseln allerdings nicht: Sie liegen rund 5000 Kilometer voneinander entfernt und noch nicht einmal im selben Meer, die eine im Indischen Ozean, die andere im Pazifik. Letztere zählt zu den größten Koralleninseln der Welt und ist noch immer ein Geheimtipp. Das australische Fleckchen ist dagegen vulkanischen Ursprungs, dichter tropischer Regenwald bedeckt weite Teile des Inlands.

Auf der Weihnachtsinsel im Indischen Ozean passiert zu Beginn der Regenzeit im November jedes Jahr etwas Besonderes: Sie färbt sich rot. Dann krabbeln Millionen leuchtend roter Krabben aus dem Dschungel über den Strand ins Meer, um sich zu paaren. Ihre Eier legen die Tiere übrigens unter Wasser ab. Um den scherenbehafteten Lebewesen ihren Weg so sicher wie möglich zu machen, bauen die Einheimischen Tunnels.

schwer werden und das Überraschende ist, dass er auf Palmen klettern und Kokosnüsse fressen kann. Alles andere spielt sich unter Wasser ab: Die riesigen Korallenriffe und ihre bunten Bewohner machen sie noch attraktiver. Außerdem wachsen Tangwälder und Seegraswiesen vor den Küsten.

Die Inseln thronen rund 24 Kilometer voneinander entfernt auf zwei Vulkanspitzen, die vom Meeresgrund etwa 5000 Meter hoch aufragen und »Cocos Rise« heißen. Nord- und Südkeeling – wie die Inseln auch heißen – sollen 1609 von William Keeling entdeckt worden sein. Unstrittig ist, dass Charles Darwin 1836 die beiden Atolle erforschte. Ihr höchster Punkt liegt gerade einmal neun Meter über der Wasseroberfläche, bei Ebbe und Flut beträgt der Tidenhub bis zu zwei Meter. Die Atolle schließen eine Lagune ein.

WHITSUNDAY ISLANDS

Lage: 35 bis 70 km vom äußeren Riff der Great Barrier Reef entfernt
Beste Reisezeit: Juni–Oktober
www.australia.com
www.tourismwhitsundays.com.au

Wer hier heiraten möchte, gleitet dem Geliebten mit dem Fallschirm in die Arme, wer gern barfuß am Strand läuft, spürt wegen des hellen Quarzsandes kaum Hitze unter den Sohlen. Im Wasser ist es schön warm: Ganzjährig etwa 27 Grad, und der mehrfach als weltweit saubester und umweltfreundlichster ausgezeichnete Strand Whitehaven Beach wartet schon; Kate Hudson küsste hier schon Matthew McConaughey. Und es gibt noch mehr Gründe für eine Reise auf die Whitsundays: 74 Inseln gehören dazu, die allesamt umgeben sind von feinen Sandstränden und Korallenriffen. Der Ozean sieht immer aus wie gemalt, an 274 Tagen pro Jahr lacht die Sonne vom strahlend blauen Himmel. Kleine Segelboote kreuzen in den stillen Gewässern zwischen den Inseln, an Bord halten die Passagiere nach ihrem Lieblingsfleckchen Ausschau. Das zu finden, dürfte nicht schwer sein, denn Einsamkeit ist garantiert. Von luxuriös bis einfach: Es gibt sowohl Campingplätze auf den Whitsunday Islands als auch Luxus-Resorts zwischen weißen Stränden, Wäldern und teilweise kaum zugänglichen Bergen. Kapitän James Cook segelte im Jahr 1770 an ihnen vorbei und schaute auf den Kalender: Es war Pfingsten und so kamen die hübschen Inseln zu ihrem Namen.

Die sieben Kilometer glänzen schon von Weitem beinahe weiß: der Whitehaven Beach auf der Hauptinsel Whitsunday Island. Hier ankert man gern und genießt ein Weilchen das Tropenparadies.

FRASER ISLAND

Lage: 190 km nördlich von Brisbane vor der Ostküste Australiens
Beste Reisezeit: Juni bis November weniger Regen, ab September wärmer
www.australia.com
www.visitfrasercoast.com

Auf Fraser Island ist alles auf Sand gebaut. Sogar Bäume und Sträucher wachsen darin. Nur 14 Kilometer breit, aber 123 Kilometer lang, ist das Eiland die größte Sandinsel der Welt. Vor allem Gräser, Eukalyptusbäume und Akazien kommen mit diesem Untergrund gut zurecht, außerdem gedeihen noch Palmen, Farne und Fichten. Die australischen Ureinwohner nannten dieses Fleckchen »K'Gari«, Paradies. Auch die UNESCO zeigte sich beeindruckt und erklärte es zum Weltnaturerbe. Sand ist aber nicht gleich Sand: Das beweisen die speziellen Formen und Farben, die es auf Fraser Island zu bestaunen gibt. Neben riesigen Dünen faszinieren die »Coloured Sands«, bunte Sandsteinformationen an der Ostküste. Diese von Gelb bis Rot getönten Klippen bildeten sich wegen der im Sandstein enthaltenen Mineralien. Ebenso spektakulär wie all der Sand sind die Süßwasserseen auf der Insel: 40 sind es, von denen der Lake Boomanjin der größte Sanddünensee der Welt ist. Baden macht auch in den Champagne Pools Spaß. Das sind Wasseransammlungen in ausgehöhlten Felsen, die zum Planschen in ihre steinernen Becken einladen.

Bäche versorgen die Vegetation mit Süßwasser (großes Bild). Auch Mangroven wachsen im weißen Sand (rechts oben). Am Rainbow Beach schimmern die Sandsteinfelsen rötlich (rechts Mitte). Der Indian Head im Nordosten ist ein Aussichtspunkt, um Buckelwale zu beobachten (unten).

KANGAROO ISLAND

Lage: 112 km südwestlich von Adelaide im Indischen Ozean (Gulf Saint Vincent)
Beste Reisezeit: Oktober–April
www.australia.com
www.tourkangaroo island.com.au

Australien kann man sich ohne Kängurus oder Koalas nicht vorstellen. Doch auf den meisten Inseln – vor allem im und um das Great Barrier Reef – leben weder die einen noch die anderen. Auf Kangaroo Island ist das anders und wie der Name verheißt, springen dort die Beuteltiere und die Koalas dösen in Astgabeln vor sich hin. Die Kängurus sind zwar wild, aber sehr zutraulich. Außerdem gibt es etwa eine Million Schafe auf der mit 4350 Quadratkilometern drittgrößten australischen Insel. Rund 4000 Einwohner zählt sie, die sich kaum durch Landwirtschaft versorgen können. Denn die Böden sind karg und Frischwasser ist knapp. So ist auch das Weideland für Schafe begrenzt und wird von der Regierung reglementiert, damit die Nationalparks ihre artenreiche Flora und Fauna erhalten können. Seehunde, Seelöwen, Schnabeltiere und Papageien lassen sich beobachten. Da die Landschaftstypen sehr unterschiedlich sind, wird Kangaroo Island auch als »Australien im Kleinformat« bezeichnet. Im Inselinneren wachsen kleine Eukalyptusarten und niedriges Buschwerk in der Steppe. Der Westen hat ein feuchtes Klima, sodass Moose und Flechten die Baumstämme bedecken. Eine echte Attraktion sind die Küsten im Norden: Mehr als 200 Meter hohe Klippen fallen steil hinab ins Meer.

Der Flinders-Chase-Nationalpark an der Südwestspitze von Kangaroo Island beherbergt eine Sehenswürdigkeit: die Gesteinsformationen Remarkable Rocks.

TASMANIEN

Lage: 240 km südlich des australischen Festlands
Beste Reisezeit: Oktober–April
www.discovertasmania.de

Einst lebten auf dieser Insel rund 5000 Ureinwohner in insgesamt 70 Stammesgruppen. Dann kamen die Briten. In wenigen Jahrzehnten rotteten sie die ansässigen Stämme vollkommen aus. Abel Tasman, ein niederländischer Seefahrer, hatte 1642 als erster Europäer die Insel entdeckt, die später nach ihm benannt wurde. Er nahm an, dass sie zu Australien gehörte, und taufte seinen Fund nach dem damaligen Gouverneur einer holländischen Kolonie Van-Diemens-Land. Im Jahr 1777 segelte James Cook dorthin und nahm das Gebiet für die Britische Krone in Besitz. Als 1802 französische Schiffe ankamen, befürchteten London und Sydney, dass die Franzosen das Landstück annektieren könnten, und machten noch einmal klar, wem es gehörte. Ihre Siedlung nannten sie Hobart Town – so heißt die Hauptstadt noch immer. Doch damit nicht genug der bewegten Geschichte der größten Insel Australiens: Die Briten machten aus ihr eine Verbannungsstätte für deportierte Strafgefangene. Anfang des 19. Jahrhunderts verschleppte man diese nach Port Arthur, was schon bald den Beinamen »Hölle auf Erden« bekam. Hobart aber entwickelte sich zu einer bedeutenden Hafenstadt, weitere Siedler kamen

und fanden fruchtbaren Grund für Ackerbau und Viehzucht. Tasmanien lieferte Nahrungsmittel nach Sydney, nach England verschiffte man Getreide und Wolle. Leider kamen auch in den 1940er-Jahren die Wal- und Robbenfänger, die von Tasmanien aus zu ihren Raubzügen starteten. Doch das hat Australiens einziger Inselstaat längst hinter sich gelassen und ist heute ein Paradies für Naturfreunde.

Uralte Regenwälder, schroffe Bergketten und grüne Täler laden zum Wandern ein. Tasmanien gehört weltweit zu den gebirgigsten Inseln. Wege für jeden Anspruch führen durch den Mount-Field-Nationalpark (großes Bild). Wasserfälle wie die Russell Falls stürzen inmitten dichten Grüns in die Tiefe. Der Cradle-Mountain-Lake-St.-Clair-Nationalpark ist eines der schönsten Wildnisgebiete Tasmaniens. Der Cradle Mountain ist dabei Ausgangspunkt eines 65 Kilometer langen Overland Track. Eine Wanderung führt zum Dove Lake (links oben). Über den Huon River, nur 30 Minuten Fahrtzeit von Hobart entfernt, geht es per Boot, Kajak oder Jet Ski (links Mitte). Auch die Tierwelt ist faszinierend (links unten): Der Tasmanische Teufel ist das größte fleischfressende Beuteltier, sein Kreischen, die dunkle Fellfarbe und seine Gereiztheit haben ihm diesen Namen gegeben.

NEUSEELAND, NORDINSEL

Lage: Inselstaat im südlichen Pazifik
Beste Reisezeit: Oktober bis April, im November und Dezember am wärmsten
www.newzealand.com/de/

Für Europäer hat Neuseeland mehr als nur einen Hauch Exotik, denn weiter weg geht nicht. Um die halbe Welt gereist, und doch wirkt der Inselstaat rund 1500 Kilometer östlich von Australien auf den ersten Blick beinahe europäisch. Dann allerdings geben Natur und Kultur ihre Geheimnisse preis – und die Reise ins Neuland beginnt. Die Nordinsel ist kleiner als der südliche Teil, beide sind durch die Cook-Straße voneinander getrennt. Mehr als 700 kleine Inseln zählen zu Neuseeland, die beiden Hauptinseln stellen das Festland dar. Mit Auckland im Norden und der Hauptstadt Wellington im Süden ist die Nordinsel stärker besiedelt als die Südinsel. Dennoch hat sie viele einsame Regionen zu bieten, in denen abwechslungsreiche Landschaften auf Besucher warten, etwa subtropische Wälder mit Jahrtausende alten Kauri-Bäumen im Northland und die imposanten Vulkanwelten im Central Plateau. Im Mittelpunkt des touristischen Interesses steht das Wassersportparadies Bay of Islands.

Um den Vulkan Mount Taranaki (großes Bild), der im Egmont Nationalpark steht, ranken sich Legenden. Der Berggott soll einst friedlich mit den anderen Gipfeln gelebt haben, bis sie eine Eifersuchtsgeschichte entzweite. Der traurige Taranaki zog fort und ließ sich allein an der Südwestküste nieder. Bildleiste von oben: Auf Great Barrier Island sind die Küsten felsig; nahe Rotorua gibt es heiße Quellen; Kauri-Bäume im Trounson Kauri Park.

NEUSEELAND, SÜDINSEL

Lage: Inselstaat im südlichen Pazifik
Beste Reisezeit: Oktober bis April, im November und Dezember am wärmsten
www.newzealand.com/de/

Kia Ora! Willkommen auf der grünen Insel! Auf der Südinsel zeigt sich Neuseeland so, wie man es erwartet: Natur pur mit dem satten Grün tropischer Pflanzen und einem bunten kulturellen Mix, denn die etwa vier Millionen Einwohner Neuseelands haben ihre ethnischen Wurzeln überall auf der Welt. Nur 15 Prozent sind Nachfahren der polynesischen Erstsiedler, der Maori. Sie sind ein indigenes Volk und kämpften lange, dass ihre Lebensform respektiert wird. »Maoritanga« heißt ihre Kultur, die jede Pflanze und jedes Lebewesen in einem spirituellen Zusammenhang sieht, die es zu achten und zu schützen gilt. Ihre Sprache, das »Te Reo Maori«, ist seit 1987 neben Englisch die zweite Amtssprache. Seitdem fördert sie der Staat: In der Schule wird sie unterrichtet, es gibt TV- und Radioprogramme, offizielle Dokumente sind in beiden Sprachen verfasst. Die Maori nennen diesen Wandel »Te Ao Hou«, die neue Welt. Frauenrechte sind in Neuseeland hoch geachtet, Homosexuelle brauchen sich nicht zu verstecken. Die Gesellschaft ist offen und tolerant. In Christchurch sind nach dem schweren Erdbeben im Jahr 2011

schon viele Schäden repariert. Beeindruckende Schauspiele können Besucher im Meer beobachten: Bei Kaikoura im Norden schwimmen Pottwale vor einer grandiosen Bergkulisse. Im mittleren Teil der Insel, die zwischen Tasmanischer See und dem Südpazifik liegt, lassen sich fruchtbare Ebenen an den Küsten, Gebirge und dichte Wälder entdecken. Die Dreitausender sind permanent mit Schnee bedeckt. Ihre Gletscher reichen bis zu den Regenwäldern der West Coast hinunter, die an den Stränden enden. Ganz unten im Süden beginnt das Aktivprogramm: Bungee-Jumping, Jetboating und Wildwasser-Rafting sorgen für erhöhten Pulsschlag. Schwimmen mit Delfinen gehört da zum ruhigen Zeitvertreib. In Oamaru erinnern protzige Bauten an die Kolonialzeit, am Moeraki Beach liegen echte Hingucker: riesige kugelige Steine, die »Moeraki Boulders«, mit einem Durchmesser von mehr als zwei Metern und Millionen Jahre alt. Goldrausch gab es auch: Er begann 1861 mit den ersten großen Funden und noch heute wird geschürft.

Der Aoraki oder Mount Cook, benannt nach James Cook, ist der höchste Berg Ozeaniens und Mittelpunkt des Mount-Cook-Nationalparks mit 19 Drei- und 140 Zweitausendern. Da der Berg in der Mythologie der Maori eine wichtige Rolle spielt, darf er nur mit dem nötigen Respekt bestiegen werden.

BOUNTY-INSELN

Lage: 690 km südöstlich von Christchurch
Beste Reisezeit: kein Besuch möglich, Betreten der Inseln ist seit 1998 verboten
www.newzealand.com/de/

22 kleine und kleinste Inselchen gehören zu den Bounty Islands im Pazifik. Sie sind kaum mehr als Granitfelsen und gehören zwar politisch noch zu Neuseeland, liegen aber weit draußen. Die größte ist 1,3 Quadratkilometer groß – allesamt sind sie unbewohnt. William Bligh segelte 1788 an ihnen vorbei und benannte sie nach seinem Schiff, der »Bounty«. Später erlangte es Weltruhm durch Bücher und Verfilmungen der »Meuterei auf der Bounty«. Als das britische Schiff 1787 in die Südsee aufbrach, um Stecklinge des Brotfruchtbaums von Tahiti auf die Antillen zu bringen, kam es unter der angeblich brutalen Kommandoführung William Blighs zur Meuterei. Die unterschiedlichen Aufarbeitungen orientieren sich mal mehr, mal weniger an den originalen Dokumenten aus dieser Zeit.

Die ursprünglichen Bestände der Pelzrobben wurden durch Robbenfänger im 19. Jahrhundert fast komplett ausgerottet. Mittlerweile erholen sich die Populationen wieder, Seebären und Robben haben auf den Bounty-Inseln ihre Refugien gefunden. Sie sind neben den Antipoden-Inseln der einzige Nistplatz für Kronenpinguine.

CHATHAM ISLAND

Lage: 650 km südöstlich der Nordinsel
Beste Reisezeit: ganzjährig regnerisch, am wärmsten von Dezember bis März
www.newzealand.com/de/

Angeblich sehen sie täglich wegen ihrer Nähe zur Datumsgrenze als erste die Sonne. Auf einen 290 Meter hohen Hügel von Pitt Island fällt rein rechnerisch weltweit das erste Tageslicht. Das brachte den zehn Inseln im Pazifik zumindest zum Jahrtausendwechsel die Aufmerksamkeit der Weltöffentlichkeit im Rahmen der Millenniumsfeiern ein. Medien berichteten live von Pitt Island und zahlten horrende Nutzungsgebühren für das Stückchen Berg. Jedenfalls sind die Einwohner der Chathams dem Festland immer 45 Minuten voraus. Die größte Insel heißt Chatham Island, auf ihr wohnen rund 700 Menschen. Ansonsten gibt es nur noch etwa 50 Einwohner auf Pitt Island. Auf den Chathams lebt man in erster Linie vom Langustenfang, der reich macht. Gut zu sehen an den Harley-Davidson-Motorrädern, die hier gefahren werden, dabei gibt es gibt nur 100 Kilometer Straße.

Touristisch interessant sind die Chathams eigentlich nur für Ornithologen. Viele Vogelarten lassen sich beobachten, wie der Albatros, der die felsigen und steil abfallenden Küsten bevölkert.

PALAU-INSELN

Lage: 800 km östlich der Philippinen und im Norden Australiens
Beste Reisezeit: ganzjährig warm mit Luftfeuchtigkeit um 80 Prozent, der meiste Regen von Juli bis Oktober
www.visit-palau.com
www.visitpalau.eu

Zu Mikronesien gehören mehr als 2000 tropische Eilande und Atolle, die auf einer Fläche von mehr als sieben Millionen Quadratkilometern im westlichen Pazifik verstreut sind. Sie unterteilen sich in vier Gruppen, von denen jede ihre eigene Kultur, Sprache und Geschichte hat. So kamen rund 1000 v. Chr. Palaus erste Bewohner aus Indonesien, Australien und Polynesien. Im Jahr 1543 entdeckte der Spanier Ruy López de Villalobos die Inseln und nahm sie für Spanien in Besitz. Danach beanspruchten sie Deutsche, Japaner und schließlich die Amerikaner. Doch trotz allem spielen Stammeshäuptlinge auf den Palau-Inseln – wie überall in Mikronesien – noch immer eine wichtige Rolle in der Gesellschaft. Einer kämpfte jahrelang für Unabhängigkeit und gegen das Stationieren von Atomwaffen auf diesen Inseln. Erfolgreich, denn heute sind die Eilande eine nuklearwaffenfreie Zone. Mit ganz viel zauberhafter Natur: dichte Wälder mit Wasserfällen und Höhlen, die jede Wanderung zu einem kleinen Abenteuertrip werden lassen. Weiße Strände mit Palmen gibt es natürlich auch, und wie es sich für eine Trauminsel im Pazifik gehört: grandiose, weitläufige Korallengärten im glasklaren Wasser.

Aus der Luft sehen sie beinahe weich aus, wie sie üppig bewaldet im Meer liegen: Die Palau-Inseln locken mit einer ursprünglichen Natur und unentdeckten Gebieten. Der Tourismus entwickelt sich nur langsam in Mikronesien.

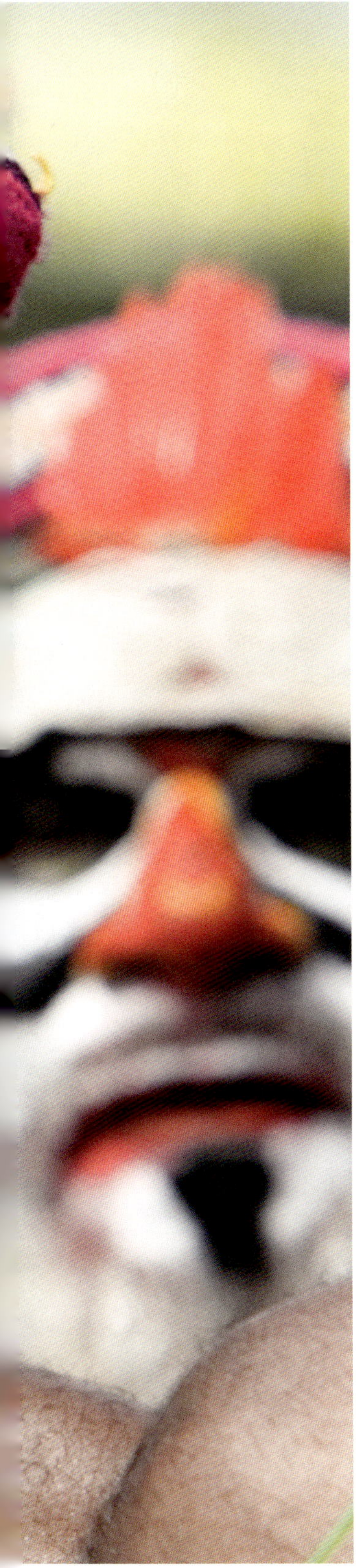

NEUGUINEA

Lage: nördlich von Australien im Pazifik
Beste Reisezeit: ganzjährig warm, trockener von Mai bis November
www.papuanewguinea.travel/Europe

Wald, Wald und nochmals Wald. An den Küsten und in Sumpfgebieten stehen Mangroven, über die Gebirge dehnt sich Bergwald aus und in den tieferen Regionen tropischer Regenwald. Mehr als 70 Prozent der Landfläche sind von üppigem Grün bekleidet. Eine Abkühlung ist unter dem beinahe geschlossenen Blätterdach des Urwald nicht zu erwarten: Das Klima ist tropisch, nach den täglichen Regengüssen steigt die Feuchtigkeit dampfend in den Himmel zurück. Auf Neuguinea, der größten Insel Papua-Neuguineas, ist es das ganze Jahr hindurch heiß und feucht. Zwei verschiedene Luftströme bringen Regen auf das Eiland: der Nordwestmonsun und der Südostpassat. Während des Letzteren gibt es zumindest an der Südküste eine etwas trockenere Phase. Das große Gebirge, das die Insel von West nach Ost durchzieht, sowie die sumpfigen Ebenen zu beiden Seiten verhinderten von jeher einen kulturellen Austausch der Stämme und auch heute führen noch nicht in alle Teile des Landes Straßen. Die Einheimischen leben entweder im Hochland der Berge oder in der Hauptstadt Port Moresby. Eine lebendige City, in der aber die verschiedenen sozialen Schichten aufeinanderprallen.

Die zahlreichen Feste auf Papua-Neuguinea heißen ganz einfach »sing-sing«. Dafür schminken sich die Männer auf traditionelle Weise, im Hochland reiben sie sich für rituelle Tänze mit Lehm ein und tragen Masken. Mittlerweile ist es übrigens verboten, als Ritual menschliche Gehirne zu essen.

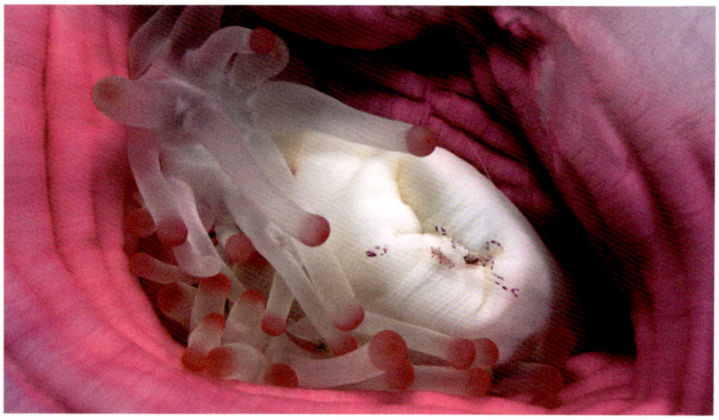

SALOMONEN

Lage: südöstlich von Neuguinea im Südpazifik
Beste Reisezeit: Mai–Oktober
www.visitsolomons.com.sb

Das muss man auf den Salomon-Inseln unbedingt gesehen und erlebt haben: Den Kavachi bei seinem rauchenden Schauspiel – er ist einer der aktivsten Unterwasservulkane des Südwestpazifiks; Delfinen beim Spielen und Schwimmen zuschauen, wenn sie bei Sonnenuntergang an die Küste von Savo Island kommen; und außerdem Meeresschildkröten, Vögel, Krokodile und Haie beobachten. Man sollte auch die Zeitzeugen des Zweiten Weltkriegs auf sich wirken lassen; zum Beispiel in Honiara, der Hauptstadt der Salomon-Inseln, die an der Nordküste der Insel Guadalcanal liegt. Die Stadt wurde 1945 erbaut, als Ersatz für die im Krieg zerstörte damalige Hauptstadt Tulagi. Die USA und Japan haben Gedenkstätten errichtet, von denen aus Besucher einen tollen Blick auf die Hafenstadt und den Botanischen Garten haben. Die Berge der Insel recken sich bis auf 2447 Meter empor, auch die anderen Hauptinseln San Cristóbal, Santa Isabel, Malaita, New Georgia und Choiseul sind gebirgig und alle sind vulkanischen Ursprungs. Koralleninseln und Atolle flankieren sie, manche Eilande sind noch immer unerschlossen. Kein Wunder, besteht der Staat doch aus 922 Inseln auf einer Fläche von 650 000 Qua-

dratkilometern. Ihre Tauchgründe sind für die Artenvielfalt bekannt, Korallen wachsen vor den Küsten in allen Formen und Farben. Wer nicht tauchen möchte, findet überall schöne Sandstrände. Sogar auf den Inseln, die wegen der Berge und Wälder noch keine Straßen besitzen. Einfach einen Bootsausflug starten und an einem idyllischen Fleckchen entspannt picknicken. Auf den Hauptinseln führen zudem abwechslungsreiche Wanderwege durch die tropischen Regenwälder – ein Paradies nicht nur für Ornithologen. Und für Kulturfans gibt es auch noch einiges zu entdecken: Auf den Inseln hat sich nämlich ein ganz besonderer Musikstil entwickelt, bei dem hauptsächlich Panflöten den Ton angeben. Sie sind aus Bambus und heißen schlicht »Au«. Muschelschmuck und kunstvoll geschnitzte Holzmasken sind schöne Souvenirs für zu Hause.

Idyllische Strände, an denen Palmen und Mangroven gedeihen, mit feinem Sand und türkis-blauem Ozean gehören zu den Salomon-Inseln wie ihre faszinierenden Tauchgründe. Und natürlich das tropische Klima: Feucht-heiß ist es das ganze Jahr über. Einzige Möglichkeit für Strandurlauber, der Hitze zu entkommen: Sie tauchen ins kristallklare Wasser ab. Dort finden sie bunte Fische, Shrimps in pinkfarbenen Seeanemonen und außergewöhnliche Muscheln.

VANUATU

Lage: Inselstaat im Südpazifik, südlich der Salomon Inseln
Beste Reisezeit: Mai–Oktober
www.vanuatu.travel

Hier wird noch immer fleißig getauscht, dafür gibt es auf der Insel Pentecost sogar eine eigene Bank. Der Tauschhandel ist seit jeher wichtig in der Kultur der Bevölkerung Vanuatus. So gibt es in dem Geldinstitut Listen von Gegenständen wie Muscheln, Wildschweinen oder besonderen Steinen, anhand derer jeder Bürger den Wert seines Objektes ablesen kann, das er eintauschen möchte. Sogar Geschichten und Erzählungen haben einen handfesten Wert. Ob es daran liegt, dass einer Studie zufolge die Bewohner dieses Inselstaates am glücklichsten sind? Auf einer Skala der Zufriedenheit rangieren sie zumindest ganz oben. Wahrscheinlich liegt das aber auch an den Traumstränden, welche die tropischen Eilande einrahmen, dem hellblauen Meer, in dem sie wie hingetupft liegen, und an dem vielen Grün – eine nachgewiesenermaßen beruhigende Farbe, vor allem, wenn man sie an Pflanzen betrachtet. Die Hauptinseln der zwölf großen und mehr als 60 kleinen sind Espiritu Santo, Efate, Tanna und Pentecost – allesamt Vulkaninseln, umgeben von Korallenriffen. Gelegentlich bebt dort die Erde, Tsunamis sind eine ständige Gefahr. In der Hauptstadt Port Vila leben etwa 35 000 Menschen. Sie liegt an einem natürlichen Hafen auf Efate, der touristisch am besten erschlossenen Insel.

Die schwarze Magie gibt es noch immer auf Vanuatu. Das sind Riten und Bräuche, wie beispielsweise die Rom-Tänze, die maskierte Männer vollführen, begleitet von rhythmischem Trommeln. Auch der Jon-Frum-Kult ist verbreitet, der dem Bewahren alter Sitten gilt.

NEUKALEDONIEN

Lage: vor der australischen Nordküste im südlichen Pazifik
Beste Reisezeit: September–November

Neukaledonien lockt mit unvergesslichen Erlebnissen. Die sind vor allem geprägt durch die Begegnung mit Einheimischen, den Melanesiern, oder den Kanak. Sie sind die Ureinwohner und gelten heute mit einem Anteil von etwa 44 Prozent als Minderheit in der Heimat. Die Nachkommen einstiger Siedler sowie Einwanderer bilden einen vielfältigen Bevölkerungsmix. Die Melanesier leben in Stämmen und pflegen ihre Traditionen. Ebenso wie ihre Sprachen: 28 verschiedene werden in den unterschiedlichen Stammesgebieten gesprochen, Amtssprache ist jedoch Französisch. Anders ist es mit der Religion: Die historische ist verloren gegangen, der größte Teil der Einwohner gehört dem Christentum an. Die Natur ist ursprünglich und einzigartig. Sie lädt zu Entdeckungstouren in Urwälder und Landschaften mit den typischen Niaouli-Bäumen ein, zu Pausen an Flussufern und Erfrischungen unter Wasserfällen. Wer gern wandert, ist in Neukaledonien genau richtig, denn die schönsten Regionen lassen sich am besten per pedes erkunden; aber auch mit dem Auto kann man die Eilande sehr gut kennenlernen.

Die Inseln Neukaledoniens haben zusammen eine Küstenlänge von etwa 2250 Kilometern. Da lässt sich für jeden das passende Stück Strand finden. Am besten vom Boot aus, denn von der Hauptinsel Grande Terre gibt es keine Brücken zu den kleineren Inseln. Überhaupt ist eine Bootstour ein Muss in diesem Teil der Welt, denn die Farben des Meeres übersteigen schnell jede Vorstellungskraft von Blau- und Türkistönen.

YASAWA-INSELN

Lage: östlich von Australien und nördlich von Neuseeland im Pazifik, Fidschi liegt im Zentrum der südpazifischen Inselwelt
Beste Reisezeit: Mai bis Oktober, von November bis April wärmer und feuchter
www.fidschi.net

Das perfekte Strand-Idyll liegt auf Nanuya Levu, eine der etwa 20 Inseln der Gruppe. Kokosnüsse fallen von den Palmen in den weißen Sand, dichter Tropenwald macht das Überqueren der Inseln schwierig. Auch heute noch sind die meisten Eilande der Yasawas sind nicht erschlossen.

Genüsslich im warmen Pazifik planschen geht natürlich trotzdem: Luxuriöse Resorts haben sich die schönsten Plätze gesichert.

MAMANUCA-INSELN

Lage: östlich von Australien und nördlich von Neuseeland im Pazifik, Fidschi liegt im Zentrum der südpazifischen Inselwelt
Beste Reisezeit: Mai bis Oktober, von November bis April wärmer und feuchter
www.mamanuca.org

Auch die Mamanucas haben weiße, sogar zartrosa schimmernde Korallenstrände, an denen sanft die Wellen des Pazifiks ausrollen. Irgendwo zwischen blauem Meer und tiefblauem Horizont segeln Boote vorüber – ein Urlaubsparadies, dem es an nichts mangelt, ein perfekter Ort für die Flitterwochen.

Zur Mamanuca-Gruppe gehören rund zwölf winzige, gebirgige Eilande vulkanischen Ursprungs sowie viele flache Koralleninseln.

VITI-LEVU-INSELN

Lage: östlich von Australien und nördlich von Neuseeland im Pazifik, Fidschi liegt im Zentrum der südpazifischen Inselwelt
Beste Reisezeit: Mai–Oktober
www.fidschi.net

Die einst als Kannibaleninseln berüchtigten Eilande waren bis Mitte des 19. Jahrhunderts ein gefährliches Ziel für Reisende. Denn kaum einer kannte die Riten und Bräuche der Eingeborenen, verstieß unwissend gegen ihre Regeln. Die Strafe: Ab in den Kochtopf! Besser gesagt in den Erdofen, gegessen wurde dann mit speziellen Holzgabeln. Ein einziger Häuptling auf Viti Levu soll an 872 Menschen auf diese Weise Rache genommen haben. Auch wer schiffbrüchig strandete, hatte kaum eine Chance, lebend davon zu kommen. Die Gabeln gibt es übrigens immer noch – als Souvenir für zu Hause. Viti Levu ist die Hauptinsel der Fidschi, Suva, die Hauptstadt, besteht aus einem bunten Völkermix, der sich besonders auf den Obst- und Gemüsemärkten kennenlernen lässt.

Traumstrände, an denen schon Tom Hanks bei den Dreharbeiten zu »Verschollen« keine speerwerfenden und keulenschwingenden Menschenfresser mehr zu fürchten brauchte, denn diese Zeiten sind längst vorbei. Touristen können hier einen unbeschwerten Badeurlaub verbringen und unter raschelnden Palmblättern träumen.

VANUA LEVU

Lage: östlich von Australien und nördlich von Neuseeland im Pazifik, Fidschi liegt im Zentrum der südpazifischen Inselwelt
Beste Reisezeit: Mai–Oktober
www.fidschi.net

Aus aller Welt kommen Taucher, um die spektakuläre Unterwasserwelt rund um die Insel, etwa am Rainbow Reef im Südosten oder in der Savusavu Bay zu entdecken. Mit etwa 5600 Quadratkilometern ist das Landstück nur halb so groß wie Viti Levu und wesentlich dünner besiedelt. Kein Wunder, denn eine Bergkette mit mehr als 1000 Metern Höhe erstreckt sich über das gesamte Innere des Eilands. Dort regnet es auch häufig, der Nordwesten dagegen ist eher trocken. Zuckerrohrfelder und Kokosplantagen bestimmen das landwirtschaftliche Bild. Immer mehr Rucksack-Touristen entdecken diesen Teil der Fidschi, der etwas abseits des Rummels der Hauptinsel liegt. Eine ideale Destination auch für Wanderer und Mountainbiker, die auf naturbelassenen Wegen unterwegs sein wollen.

Wer eine Trekkingtour durch den Regenwald unternimmt, kann diesen grünen Gesellen antreffen: den Haubenleguan. Fidschi ist seine Heimat, in der er 1980 unter Schutz gestellt wurde. Das etwa 25 Zentimeter große Tier lebt nur auf wenigen Inseln im Nordwesten des Archipels, hauptsächlich auf den unbesiedelten.

LAU-INSELN

Lage: der Lau-Archipel im Südosten von Fidschi im Pazifik
Beste Reisezeit: Mai–Oktober

Von den rund 100 Lau-Inseln sind gerade einmal 30 bewohnt. Sie erstrecken sich von Norden nach Süden auf einer Länge von 1000 Kilometern durch den Südpazifik und machen dem Hauptgrund, nach Fidschi zu reisen, alle Ehre: Dort warten perfekte Tauchgründe am Vuata-Ono-Riff. Seit 1985 gehört es zur »Vuata Ono Marine Protected Area«, einem etwa 7,5 Quadratkilometer großen Meeresschutzgebiet. Das sechs mal 2,5 Kilometer große Korallenriff liegt komplett unter der Wasseroberfläche.

Farbenfroh ist die Unterwasserwelt der Lau-Inseln: Bunte Anemonenfische gehören zu den Stars der tropischen Gewässer.

TAVEUNI ISLAND

Lage: der Lau-Archipel im Südosten von Fidschi im Pazifik
Beste Reisezeit: ganzjährig tropisch heiß mit viel Regen

Sie wird »Garteninsel« genannt, weil die tropischen Pflanzen nur so sprießen. Vulkanische und damit sehr fruchtbare Böden und die größten Regenmengen weltweit lassen auf Taveuni alles prächtig gedeihen. Ein Eiland, das auch Schriftsteller inspiriert: Umberto Eco ließ seinen Roman »Die Insel des vorigen Tages« dort spielen. Wer die Natur erkunden möchte, findet zahlreiche Wege zu spektakulären Wasserfällen und in die Berge.

An der Ostküste führt der Coastal Walk am Bouma National Heritage Park entlang, anschließend kann man an der Küste schnorcheln.

TUVALU

Lage: nördlich von Neuseeland im Pazifik
Beste Reisezeit: ganzjährig tropisch heiß und feucht, vermehrt Regen von November bis Februar
www.tuvaluislands.com

Einmal im Leben nach Tuvalu, bevor es von der Weltkarte verschwunden ist? Tatsächlich zieht es aktuell vor allem Katastrophen-Touristen in das viertkleinste Land der Erde, solche, die das Ende voraussehen. Denn wenn der Meeresspiegel weiter steigt, sind die kleinen Inseln weg. Untergegangen in der blauen Südsee. An ihrem höchsten Punkt liegen die Eilande gerade einmal fünf Meter oberhalb des Meeresspiegels. Auch Forscher landen vermehrt auf dem Funafuti-Atoll, das wie eine Kette aus Smaragden im Pazifik glänzt. Eine Insel ist bewohnt: Fogafale. 5000 Einwohner leben dort, die

TONGATAPU-INSELN

Lage: Inselstaat im Südpazifik, gehört zu Polynesien
Beste Reisezeit: Mai–November

Ein alter Mann schenkte dem Halbgott Maui eines Tages einen Angelhaken. Als Maui damit angelte, hingen statt Fischen lauter kleine Inseln daran. Zuerst zog er 'Ata, dann Tongatapu, Ha'api und zuletzt die Vava'u-Inseln vom Meeresgrund an die Oberfläche. Der alte Mann hieß Tonga – und so nannte der Halbgott diese Inseln dann auch. Anschließend trat Maui auf einige dieser Eilande, sodass sie flach wurden. Andere blieben gebirgig, weil er sie nicht berührt hatte. Soweit die Mythologie zur Entstehung dieses Königreichs im Südpazifik. Dies ist der einzige Staat in Ozeanien, der nie von Europäern kolonialisiert wurde. Seefahrer James Cook gab

anderen etwa 5000 verteilen sich auf den übrigen Inseln und Atollen. Eigentlich wäre die Lagune, die ringförmig von Korallenriffen umschlossen ist, ein Postkartenmotiv mit dem strahlend blauen Wasser. Doch leider schwimmen Flaschen und Dosen darin und stören das Bild. Einerseits gibt es Bestrebungen, die Menschen sukzessive nach Neuseeland, Australien oder Fidschi umzusiedeln, andererseits bleibt die Regierung entspannt und trotzt gelassen dem Untergangsszenario. Denn in den kommenden Jahrzehnten sei ihrer Meinung nach kein Überfluten der Inseln zu erwarten.

Außer Kokospalmen wächst nicht viel auf den Tuvalu-Inseln. Dafür sind aber gerade diese Bäume ein Blickfang, denn die Eilande liegen so flach im Meer, dass man meint, sie schwömmen darauf. Der helle Sand reflektiert das Sonnenlicht und lässt die Atolle strahlen.

den Inseln den Beinamen »The friendly Islands«, weil er so begeistert von dem herzlichen Empfang der Bevölkerung war. Tonga besteht aus mehr als 170 Inseln, nur 36 von ihnen sind bewohnt. Der Archipel ist aufgeteilt in vier Gruppen, von denen eine die Tongatapu ist. Die Hauptinsel trägt denselben Namen und ist relativ flach, die Nachbarinsel 'Eua dagegen ist hügelig und noch ein kleiner Geheimtipp für Naturliebhaber, die gern eine Trekking-Tour unternehmen wollen.

Dramatische Küsten gibt es auch, wie etwa das Mapuo Vaea Blowhole, hier peitscht die Brandung ans Ufer. Für Surfer gibt es auch ausreichend Wellengang und Segler entdecken auf der Insel Vava'u einen fjordähnlichen, elf Kilometer langen Kanal mit einem hübschen Naturhafen namens »Puerto del Refugio«, Hafen der Zuflucht.

COOK-INSELN

Lage: Inselgruppe im südlichen Pazifik
Beste Reisezeit: Juni–August
www.cookislands.travel

Die 15 Eilande der Cook-Inseln haben zusammen noch nicht einmal 240 Quadratkilometer Landfläche. Dafür aber die endlose Weite um sich herum, den südlichen Pazifik. »Kia orana!« – was so viel bedeutet wie »Willkommen im Paradies«. Zumindest Besucher werden so begrüßt. Einheimische sagen immer häufiger »E no'o ra«, auf Wiedersehen, denn sie wandern ab nach Aotearoa, ins »Land der langen weißen Wolke«, nach Neuseeland. Waren einst von Europäern eingeschleppte Krankheiten wie Grippe, Masern und Thypus für den Bevölkerungsschwund verantwortlich, folgten dann im 19. Jahrhundert die so genannten Blackbirders: Sklavenhändler, die viele Insulaner als Arbeitskräfte abtransportierten. Da die Cook-Inseln zum neuseeländischen Staatsgebiet gehören, ist der Schritt für die Insulaner nur klein, ihre Heimat mit all den ökonomischen Problemen und der Perspektivlosigkeit zu verlassen, um auf dem »Festland« neu anzufangen. Mehr als 52 000 leben bereits im Land der Kiwis, Tendenz steigend. Möglicherweise ist der angebliche Ausspruch von Seefahrer James Cook, der die Inseln 1773 entdeckt hatte und nach dem sie auch benannt sind, heute auch wirtschaft-

lich zu interpretieren: »Diese kleinen Teile gehören nicht zur Erde, sie sind davon losgelöst.« Hauptinsel der Cooks ist Rarotonga. Sie ist nur etwa zehn Kilometer lang und 6,5 Kilometer breit – ein kleines Südsee-Paradies für Touristen. Sie gleicht einem großen Garten, denn auf ihren fruchtbaren Böden wachsen tropische Pflanzen und Blumen. Überall blüht und duftet es, einheimische Frauen stecken sich Frangipaniblüten ins Haar. Traumstrände sind natürlich auch vorhanden und um die Insel wartet ein Korallenriff auf Schnorchler und Taucher. Lagunen liegen still und blau vor den Inseln, ihr Wasser ist noch wärmer als an den übrigen Küstenabschnitten. In der Hauptstadt Avarua gibt es buntes Treiben zu beobachten. Sie zieht sich an der Nordküste Rarotongas entlang, die alten Kolonialbauten allerdings sind modernen Büros, Banken, Geschäften, Cafés und Restaurants gewichen.

Diese Lagune könnte durchaus die schönste der Welt sein: Aitutaki. Tiefblau, helltürkis und smaragdgrün leuchtet sie schon von Weitem und erstreckt sich 45 Kilometer lang um das Inselatoll. Das Eiland ist 18 Quadratkilometer groß und liegt etwa 225 Kilometer nördlich von Rarotonga. Es hat eine Besonderheit, denn es ist eine Kombination aus einer 124 Meter hohen Vulkaninsel und einem flachen Korallenatoll.

BORA BORA

Lage: ein Atoll im Pazifik, zwischen Australien und Südamerika
Beste Reisezeit: von Juni bis September weniger Regentage
www.tahiti-tourisme.de

Im Lotto gewinnen und ab nach Bora Bora! Davon haben schon viele geträumt, und von einer Weltreise auch. – Bei der natürlich diese eine Insel auf keinen Fall fehlen darf. Sie ist ein Atoll wie aus dem Bilderbuch und dank der heutigen Flugverbindungen nicht mehr ganz so weit weg wie zu Zeiten der segelnden Entdecker. Und diesen Urlaubstraum erfüllen sich viele auch. Vor allem, wenn es um den perfekten Ort zum »Ja-Sagen« geht. An den Traumstränden, in Luxus-Resorts und inmitten tropischen Grüns wird gern geheiratet oder zumindest die Flitterwochen auf einer Insel verbracht, die ein Lehrbuchatoll nach den wissenschaftlichen Erkenntnissen Charles Darwins ist. Bora Bora, die »Perle des Pazifiks«, ist eines der teuersten Reiseziele der Welt, weil die Insel es sich leisten kann, exklusiv zu sein. Denn sie ist schlicht gesagt wunderschön. Eine aquamarin bis smaragdgrün leuchtende Lagune mit winzigen Inselchen darin und in der Mitte die markante Bergsilhouette ganz in Grün ergeben ein märchenhaftes Bild. Der Vulkan ist halb versunken, weshalb das Ganze aus der Luft betrachtet beinahe einen mystischen Charakter bekommt. Dabei ist Bora

Bora, das im Zentrum der Gesellschaftsinseln liegt, nur etwa 38 Quadratkilometer groß. Rund 7500 Einwohner leben auf diesem Paradies, dessen alter Name »Mai Te Pora« übersetzt so viel bedeutet wie »von den Göttern erschaffen«. Wie passend für ein solches Traumziel. Der Hauptort Vaitape mit Hafen, Banken, Büros, Restaurants und Geschäften liegt an der Westküste. In der Nähe der Anlegestelle für Fähren und Schiffe steht die einst bedeutendste Tempelanlage Bora Boras, das restaurierte »Marae Marotetini«. Mit dem »Marae Fare Opu« wartet ein weiteres Zeugnis der altpolynesischen Kultur, am Strand in der Faanui Bay gelegen, auf Besucher: Die rätselhaften Felsbilder dieser Zeremonienstätte, die einst eine steinerne Plattform mit seitlichen Begrenzungen war, zeigen in Stein geritzte Abbildungen.

Ob der Niederländer Jakob Roggeveen während seiner Weltumseglung 1772 Bora Bora gefunden hat, ist ungewiss. Klar ist aber: Falls nicht, hat er was verpasst. James Cook jedenfalls war 1769 vor Ort, bevor er an Land gehen konnte, musste er jedoch witterungsbedingt abdrehen. Erst bei seiner dritten Reise 1777 betrat er die Insel. Was den Entdeckern damals verwehrt blieb, ist der Blick aus der Luft. Wie ein markantes Dreieck liegt das Atoll im tiefblauen Meer.

TAHITI

Lage: ein Atoll im Pazifik, zwischen Australien und Südamerika
Beste Reisezeit: von Juni bis September weniger Regentage
www.tahiti-tourisme.de

Tahiti ist schon heute eine Legende. Diese Insel muss etwas Magisches haben, zieht sie doch Tausende Besucher in ihren Bann. Dabei ist das Meer vor der Küste nicht blauer, der Sand nicht feiner oder weißer, die Palmen genauso grün und mit saftigen Kokosnüssen ausgestattet wie auf den anderen Inseln Französisch-Polynesiens. Dennoch wird nur Tahiti als »Paradies auf Erden« und »Insel der Liebe« bezeichnet. In den Romanen von Herman Melville und William Somerset ist es nachzulesen, wie wunderhübsch und bezaubernd das Eiland ist, und auf Bildern von Paul Gauguin deutlich zu erkennen. Überhaupt ist auf Tahiti alles von bildhafter Schönheit: Ein beliebtes Gemäldemotiv, das auch auf Broschüren des offiziellen Tourismusbüros prangt, sind junge Damen mit bunten Blumen im Haar, die sich an einer Palme räkeln oder vor einem Wasserfall sitzen. Dem Zauber schöner Frauen sind auch die europäischen Seefahrer verfallen, als sie unter der Führung des französischen Entdeckers Graf Louis-Antoine de Bougainville im Jahr 1766 zu ihrer Weltumseglung starteten. Zwei Jahre später landete die Mannschaft an der Ostküste Tahitis, die Einheimischen bereiteten ihnen

einen herzlichen Empfang. Neben Lebensmitteln boten sie wohl auch ihre äußerst spärlich bekleideten Mädchen an – eine willkommene Abwechslung für die Crew, die monatelange Entbehrungen auf See hinter sich hatte. Man hatte zwar den sagenhaften Südkontinent »Terra australis incognita« nicht entdeckt, aber wen kümmerte das schon angesichts der paradiesischen Zustände auf »Otaheite«, wie die Insel früher hieß? Nach Diebstählen an Bord und Auseinandersetzungen mit den Einheimischen mussten die Besucher zehn Tage später Tahiti wieder verlassen, doch Bougainvilles Notiz fiel dennoch positiv aus: »La Nouvelle Cythère« nannte er die rund 1000 Quadratkilometer große Insel in Anlehnung an die Insel Kythera – Geburtsort der griechischen Liebesgöttin. Als James Cook die Aufzeichnungen gelesen hatte, hielt er sie für »nützlich und unterhaltsam«.

Schroffe Berge mit mehr als 2000 Meter hohen Gipfeln und Wasserfälle im tropischen Grün prägen das nahezu unbewohnte Inselinnere. Alles tummelt sich an den Küsten, Einwohner wie Urlauber. Es gibt aber auch stille Momente am Strand: Wie hier bei Sonnenuntergang an der Punaauia-Lagune. Wer ein typisches Mitbringsel sucht, kommt an den schwarzen Tahiti-Perlen nicht vorbei, die in Austern gezüchtet werden.

SAMOA

Lage: im südwestlichen Pazifik, nordöstlich von Fidschi
Beste Reisezeit: Mai bis Oktober
www.samoa.travel

Wohl nirgends sonst auf der Welt stehen die Kokospalmen so akkurat in Reih und Glied wie auf Samoa. Die Deutschen haben die Bäume gepflanzt, als sie noch Kolonialherren dieses traumhaft schönen Fleckchens Erde waren. Der Reisende muss sich allerdings entscheiden, welches Samoa er überhaupt besuchen will: Das ehemalige West-Samoa, heute nur noch Samoa genannt, mit der deutschen Vergangenheit, oder das Amerikanisch-Samoa, das östlich davon liegt. Letzteres ist mit seinen 197 Quadratkilometern Fläche viel kleiner als Samoa. Und noch etwas steht sich hier gegenüber: Die traditionelle Kultur, nach der die Einheimischen leben, verträgt sich nicht mit dem »American way of life«. Denn die Wiege Polynesiens, wie die Bewohner voller Stolz ihr Land nennen, ist von dörflichem Leben geprägt. Die »fa'a Samoa«, die traditionelle Lebensweise, wird gehegt und gepflegt. Was immer so war, bleibt auch weiterhin so. Dörfer sind der Mittelpunkt der Großfamilien. Jeder Einzelne spielt eine untergeordnete Rolle, die Gemeinschaft, in der er lebt, ist das Wichtigste. Viele junge Leute halten jedoch nichts von dieser starren Form, die auch noch streng hierarchisch geregelt

ist, und wandern in die wenigen Städte ab. Auch nach Amerikanisch-Samoa – sehr zum Missfallen der Traditionalisten – sowie nach Neuseeland oder Australien. Dennoch fühlen sie sich ihrer Herkunft verpflichtet, überweisen Geld nach Hause und leisten so wiederum doch ihren Beitrag zum Erhalt ihrer Gemeinschaft. Die Deutschen kamen schon Mitte des 19. Jahrhunderts nach Samoa, kauften Land und legten Kokosplantagen an. Auf den Inseln selbst gab es Kämpfe zwischen rivalisierenden Stammeshäuptlingen, die Kolonialmächte aus Europa und Amerika gerieten zwischen die Fronten. 1899 wurde Samoa nach langem Hin und Her geteilt, das Deutsche Reich bekam West-Samoa zugesprochen, die USA annektierten das östliche Gebiet. Dabei waren die Inseln archäologischen Funden zufolge schon um 1000 v. Chr. besiedelt, als erster Europäer kam der niederländische Seefahrer Jacob Roggeveen 1772 an Land. Heute leben auf den Inseln Samoas rund 220 000 Menschen, deren demokratischer Staat noch immer in traditioneller Häuptlingsaristokratie verwaltet wird.

Savai'i ist eine der neun Vulkaninseln, die zu Samoa gehören, und sie ist die größte. Auf der kleineren Insel 'Upolu liegt die Hauptstadt Apia. Savai'i hat ein hügeliges Profil, der höchste Berg ist der Mount Silisili mit 1858 Metern.

Faszinierend sind die Sonnenuntergänge auf St. Lucia, wenn sich hinter den markanten, fast 800 Meter hohen Soufrière-Vulkangipfeln der Himmel rot und violett verfärbt und der Regenwald in magisches Licht getaucht ist. Auch heute noch wird die Insel von den ehemaligen Kolonialherren »Helen of the Westindies« genannt und gilt als die Perle der Karibik.

NEUFUNDLAND

Lage: vor der Nordostküste Nordamerikas
Beste Reisezeit: Mai–September
www.newfoundlandlabrador.com

Neufundland ist durch seine etwas abgeschiedene Insellage kein Ziel des Massentourismus. Der raue Atlantik und der oft mit Sturmstärke brausende Wind haben das Gesicht der Insel geprägt: schroffe Felsküsten, die von tiefen Fjorden durchschnitten werden, windzerzauste Hochebenen und grau verwitterte Inseln. An der Küste weisen zahlreiche Leuchttürme den Weg und malerische Fischerdörfer schmiegen sich um kleine Häfen. Dunkle, unberührte Wälder bieten Karibus, Elchen und Bären ein Zuhause. Aus den Flüssen springen Lachse in die Höhe. Der unglaubliche Fischreichtum, vor allem im Atlantik, lockte englische, irische und französische Fischer in diese Gegend. Erst kamen sie nur im Sommer, später ließen sie sich auf der Insel nieder. Aus dem Mix der Nationen und den Ureinwohnern hat sich ein besonderer Menschenschlag entwickelt: hart im Nehmen, manchmal wortkarg, aber freundlich und warmherzig.

Der Leuchtturm Quirpon liegt auf der kleinen, gleichnamigen Insel wenige Kilometer vor der Nordostspitze Neufundlands inmitten der legendären »Iceberg Alley«. Im Frühsommer rauschen bizarr geformte, gigantische Eisberge dicht an der Küste vorbei. Aber auch Wale und Delfine lassen sich gut von der verglasten Aussichtsplattform des »Lighthouse Inn« beobachten. Nicht immer ist das Meer so ruhig, vor allem im Herbst und Winter tosen die Wellen gegen die Felsen, dann schäumen die Gischtwolken bis an die Fenster des Leuchtturms und der Sturm heult ganz gewaltig.

PRINCE EDWARD ISLAND

Lage: vor der kanadischen Ostküste im St.-Lorenz-Golf, zwischen New Brunswick und Nova Scotia
Beste Reisezeit: Mai–September
www.prince-edward-island.net
www.tourismpei.com

Prince Edward Island ist mit einer Größe von gut 5600 Quadratkilometern die kleinste Provinz Kanadas. Der St.-Lorenz-Golf und die geschützte Lage im Schatten von Nova Scotia sorgen für ein angenehmes Klima. Feine Sandstrände wechseln sich mit leuchtend roten Felsküsten ab. Weitläufige Wälder unterbrechen sanft hügeliges Weideland. Weiße verputzte Häuser, Netze und Hummerfallen vor verfallenden Fischerkaten setzen hübsche Akzente. Kleine Galerien verkaufen Werke von indianischen, französischen, irischen oder schottischen Künstlern. Die ersten Siedler kamen aus Europa, brachten ihre Sprache, Musik und kulinarischen Vorlieben mit. Überall blühen Blumen – hübsch arrangiert in Gärten oder wild auf Wiesen und Auen. »Lieblicher Garten im Golf« heißt die Provinz deshalb auch. »Abegweit – Land, das von Wellen gewiegt wird« nannten die indianischen Ureinwohner, die Mi'kmaq, ihre Insel. Hummer, Austern, Makrelen und Kabeljau: Das Meer rund um Prince Edward Island ist voller Delikatessen. Hummer ist hier kein Luxus, ihn gibt es sogar als Fastfood. Buden verkaufen am Stra-

ßenrand »Lobster to go«. Sportangler können den Fang ihres Lebens, einen gewaltigen Thunfisch, aus dem Wasser ziehen. Ein Hochsee-Angelboot bringt sie an die Nordküste der Insel, an der die Schwärme vorbeiziehen. Darunter sind auch 400 Kilogramm schwere Exemplare, die aber nicht von Hand geangelt werden, sondern mit speziellen Schiffen. Prince Edward Island hat auch ein historisches Erbe und gilt als der Geburtsort Kanadas. In der Hauptstadt Charlottetown, einem verträumten Provinzstädtchen mit viktorianischer Architektur, fand 1864 eine Konferenz statt. Die Abgeordneten der Nordamerikaprovinzen gründeten die Maritime Union, die schließlich zur Konföderation Kanadas führte. »Confederation Bridge« heißt deshalb auch die Brücke, die die Insel mit dem Festland von Nova Scotia verbindet.

Der Leuchtturm Panmure Lighthouse (großes Bild), der im gleichnamigen Park steht, ist ein beliebtes Ausflugsziel im Osten der Insel. Hier liegen sehr schöne Strände und bei gutem Wetter kann man baden. Der Blockhouse Point (rechts oben) steht an der Westseite des Hafens in Charlottetown. Er wurde 1851 gebaut und kann auch heute noch fast im Originalzustand besichtigt werden. Die Weiden und das Vieh wirken im morgendlichen Nebel mystisch und verträumt (rechts unten).

VANCOUVER ISLAND UND GULF-ISLANDS-NATIONALPARK

Lage: vor der kanadischen Westküste, im Südwesten von British Columbia
Beste Reisezeit: Mai–Oktober
www.vancouverisland.travel
gulfislandsnationalpark.com

Der Gulf-Islands-Nationalpark an der Südostspitze von Vancouver Island ist ein Traumziel für Segler, Kajak- und Motorbootfahrer. Die grün bewaldeten Eilande mit glänzend weißen Stränden sind nur vom Wasser aus zu erreichen. Wer genug vom Bootfahren hat, besucht eine der unbewohnten Inseln. Nach einer Erkundungstour ist die Zeit reif für ein Picknick: Lachs, Lobster, Baguette und dazu ein gekühlter Weißwein. Gut gesättigt, ist eine Siesta der perfekte Zeitvertreib, bevor der Skipper ruft: »Leinen los!« Übernachten ist nämlich auf den kleineren Inseln verboten, und so kann man wieder der sinkenden Sonne entgegensegeln. Es geht vorbei an kleinen Inseln, die feuerrot leuchten, um schließlich in einem zarten, blauschwarzen Schleier zu versinken. Erst 2003 wurden die 16 Inseln, zahlreiche Riffe und Felsen zum Nationalpark erklärt. Fauna und Flora und natürlich ihre Besucher profitieren vom fast mediterranen Klima der Gulf Islands. Milde Winter und heiße, trockene Sommer machen seltenen Tier- und Pflanzenarten das Leben leicht. Früher bewohnten indianische Ureinwohner die Inseln, bis sich in dre Mitte des

19. Jahrhunderts Europäer niederließen, welche die fruchtbaren Böden in Obstplantagen verwandelten. Die Pazifikinsel Vancouver Island ist mit gut 32 000 Quadratkilometern etwa so groß wie die Niederlande, hat aber deutlich mehr Berge, die sich aus sattgrünen Wäldern erheben, in denen Bären leben. Im Winter ist das naturbelassene Gebirge schneebedeckt, im Sommer kann man besonders an der Westküste herrlich wandern.

Die Passage zwischen Cabbage und Tumbo Island im Gulf-Islands-Nationalpark (großes Bild) ist ein Traumrevier für Segler. Gut 2700 Meter sind die Gipfel auf dem Festland hoch und bilden die Kulisse, und ebenso faszinierend sind die Grizzlybären, die sich gern am Wasser aufhalten. Beobachtungstouren zu den schwarz-weißen Schwertwalen, den Orcas (rechts unten), sind ein Muss auf Vancouver Island. Fahrten rund um die Insel werden mit Motorbooten, aber auch mit traditionellen Holzbooten der Ureinwohner angeboten. Diese bleiben noch lange in Erinnerung, vor allem, wenn der Häuptling mitfährt und von der Vergangenheit seines Volkes erzählt. Der Bootssteg im Crab Dock Sound in dem kleinen Örtchen Tofino auf Vancouver Island verbreitet im Morgendunst eine ganz besondere Atmosphäre (rechts oben).

HAWAII: KAUAI

Lage: die westlichste der hawaiianischen Hauptinseln Nordpazifik
Beste Reisezeit: ganzjährig
www.gohawaii.com/de/

Kauai wird auch »die Entdeckerinsel« oder »Garteninsel« genannt. Zu Recht, denn mit ihren sechs Millionen Jahren ist sie die älteste Insel des Archipels und bietet eine gigantische Vielfalt an Landschaften. Dichte Urwälder, üppig bewaldete Klippen und Steilhänge im Norden, die zu traumhaft schönen Stränden dramatisch abfallen. Die Napali Coast gehört zu den schönsten Gebieten: Hier ragen auf einer Länge von 27 Kilometern erodierte, smaragdgrüne Gipfel in den strahlend blauen Himmel. Eine majestätische Kulisse, in der immer wieder Wasserfälle aus den Bergen brechen, deren weiße Gischt sich kontrastreich vom intensiven Grün abhebt. Der einzige Landweg, der dorthin führt, ist der Kalalau Trail, ein knapp 18 Kilometer langer Wanderweg, der durch verschiedene Täler zum Kalalau Beach führt. Dieser oft nasse und glitschige Pfad zählt zu den schwierigsten der Insel, deshalb sollten Naturfreunde mindestens zwei Tage für die Strecke einplanen. Wer nicht per pedes dorthin will, kann die Insel vom Boot aus erkunden oder natürlich auch aus der Luft. Die Helikopterflüge lohnen sich: Hawaiis Inseln sind mit ihren Bergen, Klippen und schwarzen Vul-

kanlandschaften jede Minute in der Luft ihr Geld wert. Beim Flug über Kauai gibt es vor allem den 22 Kilometer langen und etwa 1,5 Kilometer breiten Waimea Canyon im Westen der Insel zu bestaunen. Mark Twain nannte ihn den »Grand Canyon des Pazifiks«. Rostrot und bernsteingelb schimmern die Felsen, die sich mit Wasserfällen und sattgrüner Vegetation abwechseln. Strand gibt es natürlich auch – und zwar einen der besten der gesamten USA. Ganz im Süden liegt der Poipu Beach, der sich hauptsächlich als Tauchrevier einen Namen gemacht hat. Seine größte Attraktion sind jedoch die Mönchsrobben, die sich manchmal am Strand sonnen. Die Tiere sind von Aussterben bedroht und stehen unter Schutz. Etwa 1200 Exemplare gibt es noch, die fast alle vor der Küste Kauais leben.

Die urzeitliche Landschaft von Kauai, hier Kalalau Valley, ist weltberühmt, denn vor der Kulisse der bewaldeten Hänge an der Napali Coast wurden die Kinofilme »King Kong« und »Jurassic Park« gedreht. Für den Riesenaffen ging es dort durch den Dschungel mit seiner beeindruckenden Flora und Fauna. Man begegnet tropischen Vögeln und Schmetterlingen wie dem Goldenen Monarchfalter. Die Saurier von »Jurassic Park« stapften bei den Wasserfällen des Hanapepe Valley im Süden der Insel durch den Urwald.

HAWAII: O'AHU

Lage: im Nordpazifik westlich von Kalifornien
Beste Reisezeit: ganzjährig warm, wenig Regen und keine Stürme aber nur von April bis Juni
www.gohawaii.com/de/

Fast alle Hawaiianer leben auf O'ahu. In Zahlen: Rund 1,3 Millionen Einwohner zählen die sieben größten Inseln, etwa 900 000 leben auf O'ahu mit der Hauptstadt Honolulu. Hier schlägt das »Herz von Hawaii«, wie die Insel auch genannt wird. Und das nicht nur wegen Honolulu mit seinem legendären Nachtleben und dem quirligen Treiben einer großen Stadt, die zweifellos auf einem der schönsten Fleckchen Erde liegt, sondern vor allem wegen Waikiki. Privatdetektiv Thomas Magnum im roten Ferrari, bunte Cocktails, weißer Strand mit Palmen und einem Meer, das alle Blautöne einer Farbpalette besitzt: All das macht Lust auf die Insel. Schöne Frauen in Bikinis mit einer farbenfrohen Blumenkette um den Hals, Besucher in Hawaii-Hemden, Surfer, die auf die perfekte Welle zupaddeln – Bilder von Hawaii. Auch aus dem Remake der Krimiserie »Hawaii Five-0« sind die schönsten Stellen von O'ahu bekannt, denn gedreht wird vor allem in Honolulu und Waikiki Beach. Als zwischen 1968 und 1980 die Original-Serie lief, gab ein Viertel aller Hawaii-Urlauber an, dass diese Serie sie zu der Reise inspiriert habe. Heute ist das Gebiet, das bereits

Mitte des 19. Jahrhunderts dem Adel so gut gefiel, dass sie hier ihre Strandresidenzen errichteten, die Goldgrube Hawaiis. Seit Hawaii der 50. Staat der USA ist und 1959 die ersten Flugzeuge Touristen auf den Archipel brachten, hält der Boom unvermindert an. Am östlichen Ende des mittlerweile von vielen Hotels gesäumten Waikiki-Strands erhebt sich der Diamond Head, ein uralter Vulkankegel. Für die Hawaiianer war er einst ein heiliger Berg, sie nannten ihn »Le'ahi«. König Kamehameha brachte in einem Tempel am Rand des Kraters sogar Menschenopfer dar. Als die Briten vorbeisegelten, fanden sie an den Hängen Diamanten, das glaubten sie zumindest. Die Steine stellten sich allerdings als wertlose Kristalle heraus. Im Mondlicht verwandelt der Vulkan die Küste in eine romantische Szenerie.

O'ahu ist mit seinen 140 Traumstränden vor allem ein Surfer-Paradies. Wellen brechen sich vor der Küste, auf denen Sportler ihr Können unter Beweis stellen. Wie hoch oben im Norden, in der Waimea Bay. An diesem Hotspot werden Wettkämpfe zu Ehren von Surfer-Legenden ausgetragen (großes Bild). Krater bestimmen das Bild der Vulkaninsel (rechts oben). Sie ragen überall auf der Insel auf und bilden eine imposante Kulisse (rechts unten) in Verbindung mit den Palmen.

HAWAII: BIG ISLAND

Lage: größte Insel und das eigentliche Hawaii
Beste Reisezeit: Mitte Dezember bis März
www.gohawaii.com/de/

Es sind 3,86 Kilometer zu schwimmen, 180,2 Kilometer auf dem Rad und ein Marathon zu laufen, und hier hat er seinen Ursprung: Der »Ironman« findet jedes Jahr auf Big Island in Kailua-Kona statt. Mit rund 50 000 Teilnehmern und einem Preisgeld von 600 000 Dollar für den Sieger. Doch den meisten Teilnehmern geht es weniger ums Geld als vielmehr um das Dabeisein. Die größte Ehre ist das T-Shirt, auf dem »Ironman Finisher« steht. Auch ein Wettkampf, der aber auch etwas fürs Auge bietet: das Merrie Monarch Hula Festival in Hilo, übrigens der regenreichste Ort der Vereinigten Staaten, auf Big Island. Eine Woche lang tanzen die besten Hulatänzerinnen – auch Männer sind dabei – aus ganz Hawaii und sogar dem Festland der USA um die Wette und anschließend wird die Miss Aloha Hula gekrönt. Dabei werden sowohl traditionelle als auch moderne Arten präsentiert, auch die historischen Begleitgesänge, die »Mele« sind zu hören. Angeblich sollen sie halbgöttlichen Ursprungs sein und alte Geschichten und Gebete der Ureinwohner überliefern. Wem das eine zu anstrengend und das andere zu heiß ist, nimmt sich ein schönes und typisches Andenken mit:

Blumenkränze. Sie haben auf Hawaii eine lange Tradition, Gäste bekommen sie zur Begrüßung, geflochten aus bunten Blüten, Früchten, Blättern oder Reben. Besonders häufig sind Frangipani, Maunaloa-Orchideen, Ingwerblüten und orangerote Zigarettenblümchen in dem duftenden Gebinde. Die höchste Wertschätzung für den Gast ist es, wenn die Blüten im eigenen Garten selbst gepflückt worden sind. Wer Blumen und Blüten auf die Spur kommen will, spaziert durch die üppige Pflanzenwelt der Insel. Jedes hawaiianische Eiland ist ein grandioses Wanderziel und die tropische Vegetation begeistert. Pflanzen, die man vielleicht noch nie gesehen hat, wachsen hier zu einer stattlichen Größe heran. Auf Hawaii sind fast alle Klimazonen vertreten und erzeugen üppige Regenwälder, vulkanische Wüstenlandschaften, schneebedeckte Gipfel und wunderschöne schwarze Sandstrände.

Großes Bild: Ein Abenteuer ist eine Tour durch den Hawaii Volcanoes National Park. Wie nahe Mutige dem Lava speienden Kilauea kommen, hängt dabei vom aktuellen Lavafluss ab. Mehr als 1000 Grad heißes Magma rinnt hier den Berg hinab, eine unheimliche Atmosphäre. Auch Wasserfälle stürzen in die Tiefe, wie beispielsweise die Akaka Falls (links oben). Zwischen der erkalteten Lava grünt ein Farn (links unten).

ALEUTEN

Lage: Inselgruppe der Aleuten im Pazifik
Beste Reisezeit: Mai–August

Vor rund 10 000 Jahren siedelten die »Unagan«, sibirische Nomaden, auf diesen Inseln, die so ganz und gar nicht einladend wirken. Die meiste Zeit des Jahres bedecken Schnee und Eis die bergigen Eilande, deren rund 80 Vulkane noch immer aktiv sind. Die Aleuten sind Teil des pazifischen Feuerrings, eines Vulkangürtels, der den Pazifik umringt. Immer wieder lösen die feuerspuckenden Krater Erdbeben und Tsunamis aus. Im Jahr 2011 wurden Erschütterungen der Stärke 7,1 auf der Richterskala gemessen. Da bebte auch Alaskas Festland, zu dem die Inselgruppe gehört. Landwirtschaft ist auf den felsigen, monatelang gefrorenen Böden nicht möglich, Bäume gibt es außer einigen Fichten keine, auch nur wenige Gräser und niedriges Gestrüpp, dafür aber viele Moose und Flechten. Doch davon konnten sich die Menschen nicht ernähren, also entwickelten sie ausgefeilte Techniken für den Fisch- und Robbenfang. Keine Bäume, kein Holz – und somit keine Hütten, um darin zu wohnen. Die Siedler gruben Höhlen ins Erdreich, in denen sie auch die einbalsamierten Toten bestatteten. Forscher entdeckten einige dieser Grabstätten. Dann kamen die Russen, die das Volk fast ausrotteten. Amerikaner und Briten nahmen bei ihrer Wal-

und Robbenjagd ebenfalls keine Rücksicht. Als Alaska 1867 von Russland an die USA verkauft wurde, verbesserte sich die Situation ein wenig. Vor allem, weil die Inselgruppe mittlerweile als wirtschaftlicher Faktor an Bedeutung verloren hatte – die Bestände der Pelzrobben waren fast ausgerottet. Heute gibt es wieder Wale, Seelöwen und Seeotter rund um die Aleuten. An Land leben Murmeltiere, Polarfüchse und zahlreiche Vogelarten, Zugvögel legen dort ebenfalls einen Zwischenstopp ein. Die Aleuten gelten als der Geburtsort von Greenpeace: Eine kleine Gruppe Friedensaktivisten hatte im September 1971 nahe der Insel Amchitka an Bord der Phyllis Cormack gegen einen Atombombentest der Amerikaner protestiert. Die Bombe wurde gezündet und löste eine Welle der Empörung aus; daraufhin entstand Greenpeace. Aus einer Seereise wurde eine Bewegung.

Die Sommer, in denen das Quecksilber über den Gefrierpunkt steigt, sind kurz. Die wilden Geranien (links) blühen nicht lange. Für kurze Zeit färben Moose, Flechten und Gräser die steinigen Inseln grün.
Rechts: Weißkopfseeadler gehören zu den geschützten Tierarten, sind aber fast nur noch in Alaska und Kanada zu finden. Sie bauen ihre Nester in Felswänden, ihre Flügelspannweite beträgt bis zu 2,30 Meter.

MARTHA'S VINEYARD

Lage: vor der Südküste von Cape Cod, Massachusetts im Atlantik
Beste Reisezeit: Juni–September
www.massvacation.de

Martha's Vineyard, die 33 Kilometer lange Insel vor Massachusetts ist nicht nur als Filmkulisse bekannt geworden – »Der weiße Hai« wurde hier gedreht – sondern hat auch traurige Berühmtheit erlangt. Am 16. Juli 1999 stürzten John F. Kennedy jr., seine Ehefrau sowie seine Schwägerin mit einem Flugzeug vor der Insel ins Meer. Kennedy steuerte die Maschine selbst und war wohl bei schlechten Wetterverhältnissen vom Kurs abgekommen. Ein großes Schiffsunglück hatte sich bereits 1884 ereignet, als die »City of Columbus« an der Südspitze auf ein Riff auflief und sank. Der Name der

NANTUCKET ISLAND

Lage: vor der Südküste von Cape Cod, Massachusetts im Atlantik
Beste Reisezeit: Juni–September
www.massvacation.de

Den Walfang hat Nantucket längst hinter sich gelassen, doch mehr als 800 historische Gebäude zeugen von einer bewegten Vergangenheit. Zum Beispiel davon, dass Herman Melville 1841 in Nantucket Town auf einem Walfänger anheuerte, um später seinen Bestseller »Moby Dick« zu schreiben. Schmucke Kapitänsvillen stehen noch in dem Ort, auch ein Wal-Museum gibt es. Als 1871 Schluss war mit dem Fang der Meeressäuger, dauerte es einige Zeit, bis die ersten Feriengäste das Eiland entdeckten. Schließlich kam auch die Prominenz, so urlaubten die Kennedys

Insel geht übrigens auf die Tochter von Thomas Mayhew zurück, der im Jahr 1642 das Eiland für spottbillige 40 Pfund kaufte. Martha wird heute aus der Bezeichnung allerdings oft weggelassen und man spricht lediglich von »The Vineyard«, dem Weinberg. An der Ostseite liegen Naturschutzgebiete, die ebenso zu einem erholsamen Wandertag einladen wie die Pinien- und Eichenwälder im Inneren der Insel. Den Sonnenuntergang beobachtet man am besten von der Südspitze aus.

Die drei Hafenstädte waren einst Zentren des Walfangs und des Schiffsbaus: Vineyard Haven, Oak Bluffs und Edgartown. Heute leben die Menschen vom Tourismus. Besucher bestaunen vor allem die alten Villen und hübsch restaurierten Häuser in den Straßen und direkt am Wasser. Edgartown ist die älteste Siedlung der Insel: Bereits 1642 wurde sie gegründet.

auf der Nachbarinsel Martha's Vineyard, schauten aber auch auf Nantucket vorbei. Unberührte Natur und einsame Strände sind die größten Reize für Besucher. Viele von ihnen sind reich, wollen aber unerkannt bleiben. Nantucket bedeutet in der Indianersprache »weit entfernte Insel«, doch so abgelegen ist sie dann doch nicht. Filmfestivals stehen auf dem Veranstaltungskalender, doch die übrige Zeit ist es ruhig. Autos fahren kaum, hier radelt auch Modedesigner Tommy Hilfiger zum Einkaufen.

Hotels gibt es wenige, wer hierher kommt, mietet oder kauft ein Häuschen. Wer selbst bauen will, muss sich an strenge Auflagen halten: So dürfen nur Holz oder Backstein verwendet werden, um den Stil zu erhalten. Auch die Farbe spielt eine Rolle, nur Grautöne sind erlaubt, damit sich das Neue ins Alte integriert.

FLORIDA KEYS

Lage: vor der Südküste Floridas
Beste Reisezeit: ganzjährig warm, von August bis November ist Hurrikan-Saison
www.visitflorida.com

Der Höhepunkt der Florida Keys sind weniger die Inseln selbst als vielmehr ihre Brücken, die sie miteinander und mit dem Festland verbinden. Insgesamt sind es 42 – die längste ist mit knapp elf Kilometern die Seven Mile Bridge, die kürzeste ist gerade einmal elf Meter lang und heißt Harris Gap. Ab und zu unterbricht eine kleine Insel diesen architektonischen Traum. Man fährt bis Key West, schließlich weiß der Fahrer immer, wie weit es noch bis dorthin ist: Der Overseas Highway hat eine Meilenmarkierung zum Ziel Key West im Süden. Die Inseln sind geografisch in drei Gruppen unterteilt: die Upper Keys von Key Largo bis Long Key, die Middle Keys zwischen Long Key und der Seven Mile Bridge und schließlich die Lower Keys, die von dort bis nach Key West reichen. Ihre Lage ganz im Süden Floridas ist auch deshalb so einzigartig, weil sich von den Brücken zu einer Seite der Atlantik, zur anderen der Golf von Mexiko erstreckt.

Wer über diese Brücken, hier die Seven Mile Bridge rund 25 Meter über dem Wasser, fährt, schwebt zwischen Himmel und Meer. Gigantische Konstruktionen aus Stahl und Beton führen mitten über den türkisfarbenen Ozean, der mit dem blauen Horizont verschmilzt. Außerdem ist diese Brücke schon fast ein Mythos: Sie war einst Höhepunkt der Eisenbahnstrecke nach Key West. Eisenbahnmagnat Henry Morrison Flagler verlegte seinen Florida East Coast Railway weiter nach Süden, bis er 1912 in Key West einrollte. Flagler war da schon 82 Jahre alt und starb ein Jahr später.

COZUMEL

Lage: größte Insel Mexikos, 18 Kilometer vom Festland entfernt
Beste Reisezeit: ganzjährig, Regenzeit von Mai bis September
www.visitmexico.com

Cozumel war einst ein Wallfahrtsort der Maya, die zu den Tempeln der Mondgöttin Ixchel pilgerten. Der Legende nach war sie auch Schutzherrin des Wassers, des Regenbogens und der Schwangeren. Als Dank für das Errichten der religiösen Stätte sandte sie ihren Lieblingsvogel, eine Schwalbe, auf die Insel. Seitdem trägt Cozumel den Beinamen »Insel der Schwalben«. Auch die Sonne verehrten die Maya, denn das Eiland ist der östlichste Ort Yucatáns und somit der aufgehenden Sonne am nächsten. Heute finden hier die Besucher ein Urlaubsparadies, das seinesgleichen sucht. Lange, weiße Strände an der Westküste, an denen auch die meisten Hotels stehen, und vielfältige touristische Angebote in der größten Stadt San Miguel. Noch immer sind weite Teile der 45 Kilometer langen und 18 Kilometer breiten Insel unbewohnt, da ihr Inneres von dichtem tropischem Regenwald bedeckt ist.

Vor Cozumel liegt ein weltberühmtes Korallenriff, an welchem Taucher jegliche Formen von Korallen, farbige Seeanemonen, Schwämme, bunte Fischchen und mit etwas Glück auch Meeresschildkröten entdecken können.

ISLA MUJERES

Lage: Zehn Kilometer nordöstlich von Cancún
Beste Reisezeit: ganzjährig, der meiste Regen fällt von Juni bis Dezember
www.isla-mujeres.net

Am südlichen Ende des schmalen Inselchens steht ein Maya-Tempel mit mehreren weiblichen Lehmfiguren. Die spanischen Besatzer fanden sie im Jahr 1517 und gaben dem Eiland seinen Namen: Isla Mujeres, Insel der Frauen. Ein Geschichtsschreiber, der die Entdeckungsreise begleitete, notierte: »Die Bewohner sind prächtig gekleidet. Die Frauen verhüllen ihren Kopf und ihre Brüste. Wir erwarteten, nur nackte Indianer anzutreffen.« Weil das sieben Kilometer lange und nur knapp 600 Meter breite Landstück abseits der großen Schifffahrtsrouten liegt, versteckten sich dort wenig später Piraten. 1960 kamen die ersten Touristen. Es gibt bis heute nur eine einzige kleine Ortschaft im Norden, dort legen auch Fähren und Boote an. Ein alter Bus verkehrt auf der Isla Mujeres, wer dorthin reist, leiht sich am besten gleich ein Fahrrad oder ein Golfcart.

Die breiten Strände und abwechslungsreichen Tauchgebiete sind zweifellos die Attraktionen dieser Insel. Wer erleben will, wie ein Fächerfisch einen Schwarm Sardinen jagt, muss allerdings ein Stück weiter hinaus aufs Meer.

EXUMA

Lage: ein Archipel der Bahamas im Atlantik
Beste Reisezeit: November–Mai
www.bahamas.de

Vielleicht wurde auf Exuma die Langsamkeit entdeckt. Alles scheint sich in Zeitlupe zu bewegen. Wer hierher kommt, sucht Entspannung und Ruhe und lernt schnell, dass karibische Langsamkeit eine Radikalkur für gehetzte Europäer ist. Hier kennt jeder jeden – kein Wunder, Great Exuma zählt nur 4000 Einwohner, von denen etwa 1000 in der Hauptstadt Georgetown leben. So gemächlich es hier zugeht, so still ist es auch. Eine einzige Straße führt einmal längs über die Insel. Rechts und links wachsen Büsche und niedrige Bäume – Exuma ist grün mit tropischer Vegetation und Bananenplantagen. Irgendwo am Straßenrand lädt eine Bar aus bunt bemalten Holzwänden zu einem Drink ein. Hinter der Bude erstreckt sich gleich der feine Sandstrand. Barkeeperin Luisa mixt einen »Bahama-Mama« mit viel Fruchtsaft und Rum. Den schlürfte schon Johnny Depp bei ihr während der Dreharbeiten zu »Fluch der Karibik«.

Great Exuma ist die Hauptinsel des Bahamasdistrikts Exuma, die größte von insgesamt 365. Endlose Strände, deren Sand so ordentlich ist, als sei er frisch geharkt worden. Keine Steine oder Algen, nur einige pinkfarbene Muscheln.

CAT ISLAND

Lage: 153 km südöstlich von Nassau im Atlantik
Beste Reisezeit: November–April
www.bahamas.de

Sie ist eine der schönsten Inseln der Bahamas: Cat Island liegt wie ein langer Streifen im Ozean. Ihren Namen hat sie der Legende nach von dem Piraten Arthur Catt, dessen Schatz hier noch versteckt sein soll. Den können Besucher in den Höhlen ganz im Süden suchen oder beim Tauchen im kristallklaren Wasser.

Der höchste Berg der Bahamas ragt auf Cat Island in den Himmel: der Mount Alvernia. Nur 63 Meter hoch ist er zwar keine sportliche Herausforderung, trotzdem ein beliebtes Ausflugsziel. Denn auf seiner Spitze steht das Kloster »The Hermitage«, das ein britischer Geistlicher erbaute.

ELEUTHERA

Lage: 80 km östlich von Nassau im Atlantik
Beste Reisezeit: November–April
www.bahamas.de

Sie war einst reich, diese schmale, lange Insel, die wie eine Gottesanbeterin geformt ist. Ihre fruchtbaren Hügel eignen sich besonders zum Anbauen von Gemüse und Ananas – die süßen, saftigen Früchte Eleutheras waren der Exportschlager im 18. Jahrhundert. Heute setzen die Insulaner auf Tourismus, denn fast überall ist entweder der tiefblaue Atlantik oder das türkisfarbene Karibische Meer zu sehen – die Insel ist ein Refugium für Taucher und Segler.

Weiße Strände, blaues Meer und abwechslungsreiche Tauchreviere sind die Hauptgründe für einen Urlaub auf Eleuthera. Den machte hier auch schon Robert de Niro.

KUBA

Lage: Inselstaat in der Karibik zwischen Golf von Mexiko, Atlantik und Karibischem Meer
Beste Reisezeit: Februar–April
www.cubainfo.de

Heiße Sonne, ein kalter Mojito, lateinamerikanische Rhythmen und auf der Straße tanzen die Menschen Salsa: das ist Havanna. Enge Gassen in der Altstadt, eine bewegte Historie und der Malecón, das heimliche Herz der Stadt. Hier treffen sich Liebespaare, der Schwarzmarkt blüht, irgendwo klingt Musik. Kurz vor Sonnenuntergang ist die beste Zeit für eine Spazierfahrt über die 1926 fertiggestellte Uferpromenade, die Althavanna, Centro Habana, Vedado – seit Ende des 19. Jahrhunderts das moderne Stadtzentrum Havannas – und das ehemalige Millionärsviertel Miramar verbindet. Wer einen bleibenden Eindruck von der Hauptstadt Kubas gewinnen will, genießt die Tour entlang der kleinen Häuser mit ihren ausgebleichten Fassaden und von salziger Meeresluft zerfressenen Türen und Fensterläden. Alte Autos rattern über die Straße, Häuserfronten wirken heruntergekommen. Doch gerade das macht den Charme Havannas aus. Aber auch glitzernde Casinos, prunkvolle Hotels und die Mafia haben ihre Spuren hinterlassen und den Stil dieser Stadt geprägt. In Miramar angekommen heißt der Malecón plötzlich »Fifth Avenue«, »Quinta Avenida«. Diese Pracht-

straße ist eine Allee, die Schaulustige vorbeiführt an Botschaften, exklusiven Restaurants und einem Theater. Weiter der Straße folgend gelangt man ins Tourismuszentrum »Marina Hemingway«, einen Hafen mit vier Kanälen. An Ernest Hemingway erinnert in Havanna vieles, denn der Schriftsteller lebte 22 Jahre auf der Insel. Seine Finca in San Francisco de Paula ist heute ein Museum, das wie ein Heiligtum bewacht wird. Jedes Detail ist so erhalten, als wäre der Besitzer nur kurz auf einen Drink ausgegangen.

Als der Spanier Pánfilo de Narváez den Westen Kubas erobert hatte, gründete er eine Siedlung mit dem Namen »San Cristóbal de La Habana«; das war um 1514 herum. Allerdings weiß niemand, wo sie sich genau befand, aber wohl nicht an der Nordküste, sondern im strategisch günstigeren Süden. Die Spanier zogen drei Mal um, bis sie sich 1519 auf der Westseite der heutigen Bucht von Havanna niederließen. In der Stadt gehört die Plaza de la Catedral zu den schönsten Plätzen, obwohl dort einst Sumpfland war. Ende des 18. Jahrhunderts wurde das Gebäude fertiggestellt (großes Bild). Rechts: Dieses Haus war ein Schauplatz des Films »Fresa y chocolate«. Der kubanische Regisseur Tomás Gutiérrez Alea drehte dort seinen feinfühligen und regimekritischen Spielfilm.

JAMAIKA

Lage: drittgrößte Insel der Großen Antillen, 145 km südlich von Kuba
Beste Reisezeit: Dezember–Apri
www.visitjamaica.com

Nebel wabert durch die Berge, als legte sich ein weißer Schleier über die Gipfel mit ihren dunkelgrünen Wäldern. Beinahe gespenstisch, denn hier weht beständig eine kühle Brise. Hoch oben in den Blue Mountains sieht Jamaika ganz und gar unkaribisch aus, so völlig anders als an seinen berühmten Stränden. Doch diese Berge sind nicht minder bekannt, denn hier wächst der teuerste Kaffee der Welt. Seine Plantagen kann man besichtigen, ebenso das legendäre Strawberry Hill Resort, das Musikproduzent Chris Blackwell in den 1990er-Jahren zu einem Hotel mit Museum der Musikgeschichte umfunktionierte. Reggae erklingt hier wie überall auf der Insel – die Songs sind allgegenwärtig. Ebenso Bob Marley. Das Musikgenie wird auch mehr als 30 Jahre nach seinem Tod verehrt, und kommt Witwe Rita Marley zum Empfang der Olympioniken ins Stadion, fallen ihr die schnellsten Damen der Welt in die Arme. Auch Usain Bolt wird verehrt. Der mehrfache Olympiasieger und derzeit wohl schnellste Sprinter aller Zeiten pusht die Karibikinsel auf der Beliebtheitsskala in utopische Höhen. Jamaika ist in aller Munde – nicht nur beim Kaffeegenuss.

Felsige Küste oder doch Puderzuckerstrand mit Blick aufs Kreuzfahrtschiff? Ob Negril (Bild) oder Ocho Rios, ist keine Glaubensfrage auf Jamaika. Denn überall gibt es fantastische Strände, Sonnenschirme aus Palmenzweigen und Wassersport. Das Beste sind jedoch die einsamen Buchten, die Karibikfeeling pur bedeuten, einfach »One Love«.

HISPANIOLA

Lage: Inseln der Großen Antillen im Karibischen Meer
Beste Reisezeit: Haiti: Juli bis September sowie Dezember bis März; Dominikanische Republik: Dezember bis April
www.hispaniola.eu

Voodoo und Zauberei sind tief in der Bevölkerung Haitis verwurzelt. So sehr, dass diese Form der Religion und des Ahnenkultes im Jahr 2003 offiziell anerkannt wurde. Haiti ist arm, das ärmste Land Lateinamerikas. Seine Landwirtschaft kann das eigene Volk nicht ernähren, rund 70 Prozent der Bevölkerung sind arbeitslos, älter als 53 Jahre wird kaum jemand. Außer er wandert aus, beispielsweise in die Dominikanische Republik, nach Kuba das zweitgrößte Land auf den Westindischen Inseln. Dies ist bei Touristen aus Europa wegen des Klimas beliebt, denn vom Atlantik weht ganzjährig eine kühle Brise, welche die tropische Hitze erträglich macht. Neben paradiesischen Stränden gibt es auch ein kulturelles Erbe zu entdecken. Beispielsweise in Santo Domingo, die 1496 von Bartholomäus Kolumbus, dem Bruder von Christoph Kolumbus, gegründete Stadt an der Südküste der Insel Hispaniola. Ein Ensemble aus der spanischen Kolonialzeit, das zum Weltkulturerbe der UNESCO gehört und die älteste bis heute ständig besiedelte Stadt Amerikas ist. Allerdings fließt in der »DomRep« das meiste Geld

in touristische Belange, wie saubere Strände, Promenaden und Hotelanlagen, statt in städtebauliche Maßnahmen zum Erhalt historischer Gebäude. Daher nagt der Zahn der Zeit an Häusern und der Kathedrale Santa Maria la Menor aus dem Jahr 1514. Sie beherbergt berühmte Gebeine: Anlässlich der 500-Jahr-Feier zur Entdeckung Amerikas im Jahr 1992 bettete man dort hinein die Knochen von Entdecker Christoph Kolumbus.

Die meisten Touristen fliegen wegen der grandiosen Strände in die Dominikanische Republik. Wie in Punta Cana (großes Foto) locken an vielen Stellen feinsandige, flache Uferbereiche, an die der Ozean plätschert. Kokospalmen säumen die Strände – zusammen mit dem blauen Himmel über ihnen sind das wahrhaft Postkartenmotive. Grün und dicht bewaldet ist die Dominikanische Republik auch: Auf der Halbinsel Samaná wächst tropische Vegetation (oben links). Foto unten links: Haiti bedeutet in der Sprache der einstigen indianischen Ureinwohner »hohes Land«. Vier Gebirgsketten ragen von Nordwesten nach Südosten auf, der höchste Punkt ist der Pic de la Selle mit 2680 Metern. Vor der Nordküste im Atlantik liegt die »Schildkröteninsel«, die zweitgrößte haitianische Insel, die den Namen ihrer charakteristischen Form verdankt.

ANEGADA

Lage: ca. 100 km östlich von Puerto Rico
Beste Reisezeit: ganzjährig, Hurrikan-Saison von Juli bis Oktober
www.bvitourism.de

Anegada ist die zweitgrößte Britische Jungferninsel und hat einen besonderen Namen, der übersetzt »ertrunken« oder »versunken« bedeutet. Das ist durchaus passend, denn die Insel erhebt sich nur knappe 8,5 Meter aus dem Wasser. Faszinierend und gefährlich sind ihre Korallenriffe, die schon Hunderte Schiffe ins Verderben gerissen haben. Für Schnorchler und Badegäste, die keine Adrenalinstöße unter Wasser brauchen, warten herrliche Lagunen und feinsandige Strände.

Fast bewegungslos breitet sich der Ozean am Strand aus.

TORTOLA

Lage: die größte der britischen Jungferninseln, ca. 100 km östlich von Puerto Rico
Beste Reisezeit: ganzjährig, Hurrikan-Saison von Juli bis Oktober
www.bvitourism.de

Tortola ist nach den Schildkrötentauben benannt, von denen es mehr als Einwohner gibt. Immerhin wohnen rund 14 000 Menschen auf dem 18 Kilometer langen Eiland. Ein Gebirge trennt die Hauptstadt Road Town an der Südküste von den Stränden im Norden. Schön ist eine Bootstour Richtung Westen zur Smugglers's Cove und zur Long Bay. Dort gibt es eine Höhle zum Schnorcheln und einen Palmenstrand.

Die Lambert Long Bay (rechts) und der Elizabeth Beach laden zum Entspannen ein.

VIRGIN GORDA

Lage: ca. 100 km östlich von Puerto Rico
Beste Reisezeit: ganzjährig, Hurrikansaison von Juli bis Oktober
www.bvitourism.de

Für diesen Namen, »fette Jungfrau«, ist Entdecker Christoph Kolumbus verantwortlich: Er fand den 414 Meter hohen Virgin Gorda Peak und das tiefer liegende, felsige Südende der Insel so bezeichnend für ihre Form. Zu dem Berg führt eine Panoramastraße mit ständig wechselnden, atemberaubenden Ausblicken auf verträumt daliegende Strände. Oben angekommen, sind nicht nur türkisfarbene Buchten und umliegende Eilande zu sehen, sondern auch die Privatinsel Necker Island. Sie gehört dem britischen Milliardär Richard Branson, dem Besitzer der Fluggesellschaft Virgin Airlines. Wer durch die Stadt The Valley, oft auch Spanish Town genannt, bummelt, entdeckt noch alte karibische Häuser.

Das ist die Hauptattraktion der Insel: »The Baths«. Südlich der Stadt liegen diese Findlinge am Strand. Riesige Felsen, zu denen Besucher mehr als 300 Meter hinunter klettern können. Wellen klatschen an die steinernen Formationen, Wasser sprudelt dazwischen. Wer darüber klettert, gelangt zum Devil's Beach, einem schönen Strand mit Möglichkeiten zum Schnorcheln.

ST. KITTS UND NEVIS

Lage: gehört zu den Kleinen Antillen
Beste Reisezeit: ganzjährig, Hurrikan-Saison von August bis Oktober

Auch der föderale Inselstaat St. Kitts und Nevis präsentiert sich als tropisches Idyll. Im Norden bestimmen dicht bewachsene Gebirgszüge das Landschaftsbild, an der Südspitze ragt die Southeast Peninsula ins Meer. Hier befinden sich die vielleicht schönsten Badestrände der Region. Die Vulkaninsel ist ein beliebtes Kreuzfahrtziel und die meisten Cruiseliner legen im Hafen von Basseterre, der an der Südwestküste gelegenen Inselhauptstadt, an. Port Zante ist zu einem der größten Kreuzfahrthäfen der Karibik ausgebaut worden. Hier können Riesenschiffe wie die »Queen Mary« vor Anker gehen. Basseterre hat einige historische Sehenswürdigkeiten zu bieten. Gleich am Hafen erinnert das Treasury Building an die Zeit, als der Zuckerrohranbau florierte. Der nach seinem Londoner Vorbild »The Circus« genannte Platz im Zentrum Basseterres wird von schmucken Häusern im viktorianischen Stil umsäumt. Die Landschaft von St. Kitts lädt zu einer Inselrundfahrt ein. Die St. Kitts Scenic Railway bietet dreistündige Inseltouren per Bus und Eisenbahn an. Wer die Insel lieber auf eigene Faust erkunden möchte, kann direkt am Hafen ein Taxi mieten. Während der Fahrt auf der etwa

60 Kilometer langen Circle Island Road passiert man eine Landschaft voller Kontraste. Von Basseterre aus verläuft die Straße entlang der karibischen Küste um das Gebiet des Mount Liamuiga herum und führt dann den dem Atlantik zugewandten Küstenabschnitt hinunter zurück zum Ausgangspunkt. Sehenswürdigkeiten wie Old Road Town, die erste englischen Siedlung, oder das Wingfield Estate mit Felszeichnungen der vorkolumbischen Bevölkerung, liegen an der Route. Ein unbedingtes Muss ist ein Besuch des Brimstone Hill Fortress National Park. Im Gebiet um den Mount Liamuiga, einen erloschenen Vulkan, der mit 1156 Metern zugleich höchste Erhebung der Insel ist, fühlt man sich wie im Paradies. In den niederen Lagen wird Zuckerrohr angebaut. Pittoreske kleine Dörfer schmiegen sich an die Hänge. In den höheren Lagen ab 460 Metern geht die Vegetation in Regenwald über.

An der Nordwestküste von St. Kitts (großes Bild) erhebt sich auf dem 300 Meter hohen Brimstone Hill eines der mächtigsten Forts, das je in der Karibik gebaut wurde (Bilder links). Die Anlage wurde ab 1690 unter den britischen Kolonialherren, die ihre Besitzungen auf St. Kitts vor den Übergriffen französischer Soldaten schützen wollten, errichtet. Seit 1999 steht es mit den Waldgebiet auf der UNESCO-Weltkulturerbeliste.

ANTIGUA UND BARBUDA

Lage: südöstlich von Puerto Rico zwischen dem Nordatlantik und dem Karibischen Meer
Beste Reisezeit: Mitte November bis Mitte April
www.antigua-barbuda.org

Es sollen ganze 365 sein – und damit sind die Strände Antiguas schon rein zahlenmäßig der Hit für Touristen. Darüber hinaus sind sie feinsandig und von strahlend blauem Meer umspült. Viele sind winzig, liegen versteckt hinter Bäumen und sind nur mit dem Boot zu erreichen. Die 280 Quadratkilometer große Insel hat eine unregelmäßige Form, sichelförmig schneiden Buchten ins Land ein, Landzungen ragen hinaus und zahlreiche Eilande sind der Küste vorgelagert. Ebenso Korallenriffe, deren Schönheit sich beim Tauchen entdecken lässt.
Etwa 45 Kilometer von Antigua entfernt liegt Barbuda. Sonnenverwöhnt und nicht vulkanischen Ursprungs wie die große Schwester, ist sie ein Korallenatoll. Rötlich schimmernde Strände sind das Faszinosum dieser Insel. Robinson-Feeling ist auf dem nur 1500 Einwohner zählenden Barbuda garantiert. Taucher aufgepasst, denn mehr als 100 Schiffswracks warten in ihren nassen Gräbern auf Abenteuerlustige.

Großes Bild: Auf Barbuda gibt es fantastische Strände. Einer beginnt am Cocoa Point an der Südspitze und zieht sich mehr als 22 Kilometer an der Westküste entlang. Über dem Hafen English Harbour liegt der 1791 erbaute Wachposten von Shirley Heights. Von hier suchten Beobachter den Horizont nach feindlichen Schiffen ab. Rechts: In den Mangrovenwäldern der Codrington Lagoon ist das Vogelschutzgebiet »Frigate Bird Sanctuary« beheimatet.

DOMINICA

Lage: Insel der Kleinen Antillen zwischen Atlantik und Karibischem Meer
Beste Reisezeit: Dezember–März
www.dominica.dm

Der Sand ist dunkel und vulkanisch, die Strände sind sehr schmal. Die Karibikinsel Dominica punktet eher mit vielen Bergen und Wäldern. Etwa 900 Meter hoch ragt ein Gebirge auf, es zieht sich von Süden nach Norden und gipfelt nur wenige Kilometer von der Küste entfernt im 1447 Meter hohen Morne Diablotin. Fast alle Berge sind in ein hellgrünes Gewand gekleidet: Dichter, ursprünglicher Tropenwald bedeckt ihre Hänge. Der Wald zählt zu den letzten unberührten Regenwaldgebieten. Eine besondere Attraktion ist ein See mit kochend heißem Wasser: ein etwa 60 Meter breiter, überfluteter Vulkankrater mit einer Wassertemperatur von bis zu 93 Grad Celsius. Dies ist ein beliebtes Ziel für Wanderer, jedoch eine anspruchsvolle Tour durch das Hochland, bei der ein einheimischer Gästeführer nicht fehlen sollte.

Bild oben: Die dichte tropische Vegetation reicht bis an die felsige Küste im Westen Dominicas heran. Tauchen lohnt sich, denn die Unterwasserwelt gilt noch als Geheimtipp. Unten: Mehr als 300 Flüsse und Bäche fließen über die Insel. An den Steilwänden der Gebirge sprudeln Wasserfälle in die Tiefe, wie die Trafalgar Falls.

GUADELOUPE

Lage: gehört zu den Inseln über dem Wind
Beste Reisezeit: Dezember–Juni
www.france-voyage.com

Die Insel ist oft mit einem Schmetterling verglichen worden. An ihrer schmalsten Stelle teilt eine Meerenge sie in zwei Hälften, die aus der Vogelperspektive wie die beiden Flügel eines Riesenfalters wirken. Die südwestliche Hälfte – Basse-Terre – ist gebirgig und vielerorts von dichtem Regenwald bedeckt. Grande-Terre im Nordosten hingegen ist eher flach. Die nur 26 000 Einwohner zählende Stadt ist das wirtschaftliche Zentrum Guadeloupes. Auf den Straßen geht es entsprechend geschäftig zu. Das Herz der Stadt Pointe-à-Pitre schlägt an der hinter dem Hafen gelegenen Place de la Victoire – einem ehemaligen Marktplatz, der in einen tropischen Park umgewandelt wurde. Kolonialzeitliche Gebäude und Straßencafés umsäumen die Oase. Eine Brücke über die Meerenge Rivière Salée verbindet Grand- und Basse-Terre. Die Inseln waren einst eine französische Kolonie. Heute bilden sie zusammen mit einigen winzigen Eilanden das französische Überseedepartement Guadeloupe. Die vorgelagerte Insel Marie-Galante ist ein lohnendes Ausflugsziel.

Guadeloupe, auch »Schmetterlingsinsel« genannt, ist ein Stück Frankreich in den Tropen.

ST. LUCIA

Lage: östlich von Barbados, gehört zu den Inseln unter dem Wind
Beste Reisezeit: November–März
www.geographia.com/st-lucia

»Helen of the Westindies«, so wird die Insel von den einstigen Kolonialherren immer noch genannt. Die Insel, auf der der Literaturnobelpreisträger Derek Walcott geboren wurde, gilt als Perle der Karibik. Ihre traumhaften Badestrände, die üppig wuchernde Flora und nicht zuletzt die Lebensfreude der Inselbewohner begeistern seit jeher. Obwohl der heute unabhängige Inselstaat 1815 endgültig britisch wurde, ist der Einfluss französischer Kolonisatoren, die im 18. Jahrhundert mit den Engländern um den Besitz der Insel kämpften, überall spürbar. Von beiden Nationen wurde die Geschichte der Insel wesentlich beeinflusst, über 14 Mal wechselte das Eiland zwischen den Einflussbereichen, bis sie Großbritannien zugeteilt wurde. Seit dem Jahr 1979 ist St. Lucia unabhängig, blieb aber Mitglied des Commonwealth. Im Alltag wird französisches Patois gesprochen, die meisten Orte haben französische Namen, und auch die weithin gerühmte Küche St. Lucias enthält französische Elemente. Die 64 500 Einwohner zählende Hauptstadt Castries an der Westküste verfügt über einen modernen Kreuzfahrthafen und Shoppingcenter. Castries wurde im 20. Jahrhundert durch Großbrände

zweimal zerstört. Das geschäftige Zentrum der Stadt wird deshalb von moderner Architektur bestimmt. Südlich von Castries führt eine Küstenstraße zu den schönsten Plätzen der Insel. In der Nähe der einstigen Inselhauptstadt Soufrière ragen die beiden fast 800 Meter hohen Pitons auf. Sie wurden von Walcott als »Busen der Karibik« bezeichnet. Die Bergkuppen aus Lavagestein bilden den Mittelpunkt der Pitons Management Area – eines 3000 Hektar großen Areals, das eine Vielfalt von Ökosystemen beherbergt und UNESCO-Weltnaturerbe ist. In den unteren und mittleren Lagen wuchern tropische bzw. subtropische Regenwälder, die in der Höhe in Trockenwald übergehen. Zu dem Schutzgebiet gehört – oberhalb von Soufrière – das urzeitliche Kraterfeld von Sulphur Springs. Die schwefelhaltigen heißen Quellen, die hier aus dem Boden sprudeln, sind eine Touristenattraktion. Auch das angrenzende Meeresgebiet gehört zum Weltnaturerbe. Der Bereich unter Wasser war einst zu fast 60 Prozent mit Korallen besetzt. Durch den Hurrikan »Lenny« im Jahr 1999 wurde viel davon zerstört, die Einrichtung von Fischfangverbotzonen führte aber zu einer Erholung, weshalb die Gewässer um die Pitons heute zu den artenreichsten in der Karibik zählen.

Die beiden kegelförmigen Gipfel sind das Wahrzeichen der Insel.

ST. VINCENT UND DIE GRENADINEN

Lage: zwischen St. Lucia und Grenada
Beste Reisezeit: Januar bis Mai, Juni bis Dezember günstigere Preise
www.grenadinen.com

Die Insel St. Vincent hat 32 Nachbarn: die nördlichen Grenadinen. Zusammen gehören sie zu den Kleinen Antillen und bilden eine etwa 120 Kilometer lange Kette bis nach Grenada. St. Vincent hat einen ursprünglichen, rauen Charme und liegt im Meer wie der Kopf eines smaragdgrünen Drachens. Die Herrschaftsansprüche wechselten ständig zwischen Frankreich und Großbritannien. Lange davor siedelten dort Indios, die Arawak, die Jahrhunderte später von den Kariben

GRENADA

Lage: südlichste Insel der Kleinen Antillen
Beste Reisezeit: Dezember–Juni
www.grenadakaribik.com

Das knapp 350 Quadratkilometer große Eiland bildet zusammen mit den Nachbarinseln Carriacou und Petit Martinique seit 1974 einen unabhängigen Staat und ist Mitglied des Commonwealth of Nations. Grenada zählt zu den attraktivsten Urlaubszielen der Karibik. Seine bis zu 840 Meter aufragenden Gebirgszüge sind von üppig wucherndem Regenwald bedeckt. Auf den fruchtbaren Böden gedeihen Kakao, Bananen und andere tropische Früchte. Den Beinamen »Gewürzinsel« verdankt Grenada der Muskatnuss, die hier seit dem Ende des 18. Jahrhunderts angebaut wird. Nicht nur die landschaftlichen Reize der Insel ziehen all-

vertrieben wurden. Sie nannten die Insel »Hairoun«, Heimat der Gesegneten. Dichter Regenwald bedeckt die Berge der 29 mal 18 Kilometer großen Insel. Zwischen den Steilhängen sind Obst- und Gemüsegärten angelegt, manchmal zeigt sich der Soufrière, einer der aktivsten Vulkane der Karibik, von seiner rauchigen Seite. Der Urlaubstipp für St. Vincent: Wandern auf den zahlreichen Naturwegen. Die Grenadinen sind kleine Eilande, Korallenatolle, Riffe und Sandbänke. Per Boot oder Flugzeug geht es von Insel zu Insel, die einiges zu bieten haben. Auf Bequia wartet eine Gefechtsstellung aus dem 18. Jahrhundert, die »Hamilton Battery«, Mustique ist das Luxus-Eiland mit Jachthafen.

Etwa die Hälfte der Inseln sind dauerhaft besiedelt, drei davon sind Ferieninseln; die meisten anderen werden von Jachten und Fischern besucht.

jährlich zahlreiche Touristen an. Allein die Hauptstadt St. George's ist eine Reise wert. Der idyllische Ort liegt an einer malerischen, »Carenage« genannten Bucht und steigt an den Hängen eines erloschenen Vulkans steil an. Farbenfrohe kolonialzeitliche Häuser, zwei historische Forts und alte Kirchen prägen das Stadtbild. Die verwinkelten Straßen laden zum Flanieren ein und die Hafenpromenade an der Carenage lockt mit Restaurants und Geschäften. Beliebt ist die Insel auch als Kreuzfahrtziel und im Dezember 2004 wurde ein neuer Kreuzfahrtterminal eröffnet. Von dort sind es bis in das Zentrum der Stadt zu Fuß nur wenige Minuten.

Großes Bild: Grenada besticht mit idyllischer Natur, hier die Annandale Falls. Bild oben: Muskat, Lorbeer und Kakao werden hier angebaut, aber auch Bananen. Unten: der farbige Samen einer Muskatnuss.

TRINIDAD UND TOBAGO

Lage: 11 km nordöstlich von Venezuela zwischen Atlantik und Karibischem Meer
Beste Reisezeit: Januar bis Mai, kurze Trockenzeit noch im September und Oktober
www.gotrinidadandtobago.com

Fröhlich, multikulturell und bunt ist das Leben auf Trinidad und Tobago. Vor allem in der Hauptstadt Port of Spain, die an der Westküste Trinidads liegt, ist Abwechslung garantiert. Außerdem bieten beide Inseln Bilderbuch-Karibik: »The true Caribbean«, zumindest wirbt der Staat mit diesem Slogan. Tobago geht schon länger den touristischen Weg, den Trinidad erst kürzlich eingeschlagen hat. Denn wirtschaftlich drehte sich dort alles ums Öl, dessen Quellen jedoch versiegen. Trinidad eifert allerdings seinem Nachbarn Tobago nicht in Sachen Strandparadies nach, sondern richtet sein Augenmerk auf Öko-Tourismus, spezielle Anbieter organisieren Touren. Berge prägen das Landesinnere: Die höchsten Gipfel sind der Cerro del Aripo (940 Meter) und der Tucuche (936 Meter) im Norden, ringsum wächst dichter Regenwald. 630 Schmetterlingsarten flattern dort durch das tropische Grün. Wer Vögel und Pflanzen bestaunen will, macht einen Ausflug ins Asa Wright Nature Center. Der Naturpark wartet im Arima Valley mitten im Dschungel auf Besucher, die auf verwunschenen Pfaden Flora und Fau-

na entdecken wollen. Der Süden hat sie dann endlich: Strände, gesäumt von Palmen. Zum Baden geht's am besten in diese zwei Buchten: Cocos Bay und Mayaro Bay. Doch das ist nur ein kurzer Zwischenstopp, dann locken wieder Ökoziele wie der 1554 Hektar große Nariva-Sumpf, der zum Bush Wildlife Sanctuary gehört. Wer dort wandern will, braucht eine Genehmigung. Tobago hing erdgeschichtlich einmal an Südamerika fest, löste sich und entwickelte seine landschaftlichen Höhepunkte. Die Insel ist eine bergige, grüne Oase. Wälder, Kokospalmenhaine, Steilküsten und Strände aus weißem Sand – hier stimmt einfach alles. Auch die Tauchgründe: Mehr als 44 Korallenarten gibt es unter Wasser zu bewundern. In diesen Riffen leben riesige Mantarochen, Hammerhaie und Walhaie.

Dichtes, tropisches Grün bedeckt den Norden von Trinidad (großes Bild), Steilküsten fallen tief zum blauen Atlantik hin ab. Die Maracas Bay ist eine besonders imposante Bucht: Das Meer scheint wie von grünen Armen halb umschlungen. Eine Straße führt von der Hauptstadt Port of Spain durch die Berge dorthin. Bilder rechts: Der Karneval auf Trinidad ist weltberühmt. Katholische Siedler hatten ihn im 18. Jahrhundert mitgebracht. Gefeiert wird überall in der Stadt mit bunten Paraden und Maskeraden.

ARUBA, BONAIRE, CURAÇAO

Lage: die niederländischen ABC-Inseln liegen vor der Küste Venezuelas
Beste Reisezeit: ganzjährig warm; Aruba ist nicht von Hurrikans betroffen, Kreuzfahrtsaison von Oktober bis April
www.aruba.de
www.visitbonaire.tv
www.curacao.com

Sie stechen und bevölkern das Inselinnere: Kakteen. Untypisch für eine karibische Landschaft – auch die dramatischen Felsformationen sind nicht das, was man erwartet. Ansonsten gedeihen noch Aloe-Pflanzen auf dem trockenen Boden, denn auf Aruba fallen nur 60 Zentimeter Regen pro Quadratmeter im Jahr. Dafür gibt es 52 Wochen Sonne satt, endlose Strände und ein türkis schimmerndes Meer. Im Nordosten sind die Küsten zerklüftet und Wellen brechen sich an den felsigen Klippen. Die Insel weiß um ihre Sonderstellung in puncto Flora und Fauna: Besucher können jetzt noch mehr davon erleben. Zum Beispiel im Arikok-Nationalpark im Nordosten. Auf einer Fläche von 34 Quadratkilometern können Naturfreunde das wüstenartige Reservat mit seinen Kakteen-Feldern, Dünen und Küstenregionen erwandern. Unterirdisch sehenswert: die Fontein-Höhle. An ihren Decken und Wänden sind Malereien der Ureinwohner zu sehen. Wer lieber unter Wasser als unter der Erde weilt: Schiffswracks warten auf Tauchabenteurer.

Tauchen und Schnorcheln zählen auch auf Bonaire zu den Attraktionen: Rund 80 Plätze locken mit einer faszinierenden Unterwasserwelt. Wer an Land aktiv sein will, kann wandern, reiten oder radfahren. Auf diese Weise lässt sich das flache Land, wie das Arawak-Wort »bojnaj« bedeutet, prima erkunden: Von der Hauptstadt Kralendijk mit ihren hübschen goldgelben Häuschen im niederländischen Kolonialstil, über die Salzpfannen und -berge bis zur ältesten Siedlung, dem verträumten Dorf Rincon.

In Blau kennt ihn wohl jeder, aber es gibt ihn auch in Rot, Orange und Grün. Er gehört in jede Cocktailbar – vor allem auf der gleichnamigen Insel: Curaçao. Serviert in der Hauptstadt Willemstad, bekommt er sein ganz besonderes Aroma von den sonnengetrockneten Bitterorangenschalen. Curaçao ist die größte der niederländischen Antillen und eine der beliebtesten Karibik-Inseln. Buchten schneiden in die Küstenlinie ein, der Ozean leuchtet genauso blau wie der Likör. Auch hier mutet das Inselinnere mit seinen Kakteen und Sträuchern wie die Kulisse in einem Wildwestfilm an.

Typisch Aruba: Knorrige Divi-Divi-Bäume, die der beständige Passatwind in Schräglage gebracht hat (großes Bild). Bilder rechts: Unter Wasser ist es fast noch bunter als an Land. Bonaire ist bekannt für seine Korallenriffe.

In freier Wildbahn kann man Pinguine nur auf der südlichen Halbkugel beobachten. Sie kommen in den südlichen Regionen Südamerikas vor, an der Magellanstraße auf Feuerland, auf den Falklandinseln und auf den subantarktischen Inseln. Die hübschen Königspinguine können bis zu 95 Zentimeter groß werden und wiegen, wenn sie ausgewachsen sind, zwischen zehn und 16 Kilogramm.

GALAPAGOS-INSELN

Lage: etwa 1000 Kilometer vor der Küste von Ecuador
Beste Reisezeit: von Juli bis Dezember fällt fast kein Regen, ganzjährig warm
www.ecuador-galapagos.de

Charles Darwin hat sie berühmt gemacht: die Galapagos-Inseln. Der britische Naturforscher studierte 1835 dort die Tierwelt und kam zu der bahnbrechenden Erkenntnis, dass die Evolution für den Artenreichtum verantwortlich sei. Es überleben die Pflanzen und Tiere, die sich optimal an ihre Umgebung angepasst haben – eine natürliche Selektion. Die einst unberührten Inseln gelten als »Schaufenster der Evolution«: Durch die Isolation der mehr als 130 Eilande passten sich die Lebewesen auf unterschiedliche Weise an Nahrungsangebot, Feinde und Umwelt an. So entstand eine Vielzahl neuer Arten, die es sonst nirgends auf der Welt gibt. Geologisch betrachtet sind die Galapagos-Inseln sogar noch jung: Keine von ihnen ist älter als vier Millionen Jahre, und etwa alle 10 000 Jahre hat sich eine neue Spezies etabliert. Heute ist das Paradies in Gefahr: Hunderttausende Touristen kommen jedes Jahr mit Kreuzfahrtschiffen und seit 2007 steht die Inselgruppe auf der Roten Liste: Es dürfen keine Muscheln, Steine oder Sand von der Insel mitgenommen werden, doch die Realität sieht anders aus. Bereits die Hälfte aller endemischen Tierarten sowie jede vierte Pflanzenart gelten als bedroht.

Großes Bild: Ein Galapagos-Seelöwe schwimmt durch einen Schwarm von Schwarzstreifensalemas. Bildleiste von oben: Fregattvögel durchstreifen vor der Insel Santiago den Himmel; Kicker Rock, vor der Küste von San Cristobal; die Galapagos-Riesenschildkröten.

LOS ROQUES

Lage: 170 Kilometer nördlich von Caracas im Karibischen Meer
Beste Reisezeit: November–April
www.venezuela.de

Um diese einzigartige Schönheit zu schützen, reagierten die Behörden schon sehr früh. 1972 stellte Venezuela den Archipel Los Roques unter Naturschutz, damit weder die Inseln noch die fantastische Unterwasserwelt Schaden nehmen. Das scheint auch gut funktioniert zu haben, denn noch immer gehört das Gebiet zu den Hotspots, wenn es um Top-Reviere für Taucher und Strandurlauber geht. Die Korallenriffe gelten als intakt und unbeschädigt von Umwelteinflüssen oder Fischfang. Taucher finden an den Islas los Roques ein Barriere-Riff, das die Inselgruppe umgibt und eines der größten weltweit ist; und sicher auch eines der schönsten mit seinen bunten Bewohnern wie beispielsweise den Kugel- und Trompetenfischen, Langusten, Schwämmen und Seeigeln. Korallen wachsen hier in den unterschiedlichsten Formen und Farben: mal flach oder rund in Bodennähe, mal ausladend mit fein verästelten Verzweigungen. Und auch beim Schnorcheln lässt sich die Schönheit des Meeres unter der Wasseroberfläche entdecken. Insgesamt zählen 350 Eilande zu dem Archipel, es gehören aber nur 42 von ihnen zum »Parque Nacional Archipiélago de los Roques«. Die Hauptinsel heißt »El Gran Roque« und ist

gerade einmal 41 Quadratkilometer groß. Etwa 1500 Menschen wohnen auf der einzigen besiedelten Insel. Sie ist, wie die anderen auch, ein idealer Lebensraum für unzählige Seevögel. Pelikane, Reiher und Fregattvögel nisten auf Los Roques und Nahrung finden sie dort reichlich. Vor allem, weil auch mehr als 200 Sandbänke aus dem Meer aufragen, auf die immer wieder kleine Meerestiere gespült werden. Eine Art Schlaraffenland für die gefiederten Bewohner. Die Korallenriffe bedecken eine Gesamtfläche von rund 1500 Quadratkilometern. Durch das ringsum geschlossene Barriere-Riff haben die Islas los Roques den Charakter eines Atolls: Im Inneren haben sich Lagunen aus hellblauem und türkisfarbenem Wasser gebildet, seicht schwappt es an die Strände aus feinem Sand. Und mittendrin liegt das Dorf »El Gran Roque« mit seinen pastellfarbenen Häuschen in heiteren Rot-, Grün- und Blautönen zwischen dem Meer und einer Lagune. Fischerboote und Jachten dümpeln vor der Küste. In Ortsnähe befindet sich außerdem eine etwa einen Kilometer lange Start- und Landebahn für kleine Flugzeuge. Tagesausflügler kommen mit ihren Booten in den Nationalpark, um diese faszinierende Landschaft in aller Ruhe zu genießen.

Von oben sehen »Los Roques« beinahe aus, als bestünde es nur aus menschenleeren Atollen.

FERNANDO DE NORONHA

Lage: 350 Kilometer östlich der Küste Brasiliens im Atlantik
Beste Reisezeit: August bis Januar (Trockenzeit)
www.braziltour.com

Im Zweiten Weltkrieg sind hier Landebahnen für die Jagdflugzeuge der Alliierten angelegt worden, heute rollen nur noch kleine Propellermaschinen darüber. Touristen steigen aus und staunen nicht schlecht: Die einstige Gefängnisinsel ist heute Teil eines streng geschützten Nationalparks. Verbannte die Militärdiktatur Brasiliens im 20. Jahrhundert noch Oppositionspolitiker auf den entlegenen Archipel, locken heute sowohl die Hauptinsel als auch die umliegenden 20 Eilande mit Naturschönheiten. Seit 1988 stehen rund 11 270 Hektar der Inselgruppe unter striktem Schutz. Zu groß waren die Schäden, die holländische, englische und französische Invasoren und die darauf folgende Zeit als Insel für Gefangene und Militärangehörige angerichtet hatten. Fernando de Noronha ist als einziges Eiland des gleichnamigen Archipels bewohnt, die Insulaner nennen ihre Heimat nicht ganz ernst gemeint »Insel der Verbote« wegen der immensen Vorschriften und Regeln zugunsten des Naturschutzes. Die Umweltbehörde bestimmt, welche Materialien Hausbauer verwenden und was Bauern auf den Feldern anpflanzen dürfen. Rund 400 Touristen sind pro Tag erlaubt – auch das re-

glementiert der Staat. Denn in den 1980er-Jahren kamen so viele Urlauber, dass die Insel sie kaum aufnehmen konnte. Die Einheimischen hängten ihren traditionellen Job, den Fischfang, an den Nagel und suchten sich Arbeit im Tourismussektor, vielversprechend, aber auf Kosten der Natur. Mittlerweile glaubt man, ein Maß gefunden zu haben, um das Land sowie die Unterwasserwelt nicht zu gefährden. Und tatsächlich: Es gibt Buchten und Strände, an denen man garantiert allein ist, Berge zum Wandern und Restbestände des einst dichten Waldes. Der Atlantik verzaubert mit intensiven Blautönen und einer faszinierenden Welt aus Korallen und anderen Meeresbewohnern. Wer mit dem Boot rausfährt, begegnet vielen Delfinen. Sie ziehen in dem Archipel ihre Jungen auf. Menschenleere Strände findet man in einsamen Buchten wie der Baía do Sancho und der Baía dos Porcos. Die Praia da Atalaia ist einer der schönsten Sandstrände. An der Praia do Leão können Meereschildkröten ungestört brüten.

Seit 1988 steht die Inselgruppe, hier mit zwei von der Brandung geformten Zwillingsfelsen, als Teil des 112,7 Quadratkilometer großen Nationalen Marineparks Fernando de Noronha unter Naturschutz. Im Jahr 2001 wurde er gemeinsam mit dem Rocas-Atoll von der UNESCO zum Weltnaturerbe erklärt.

OSTERINSEL (RAPA NUI)

Lage: Insel im Südostpazifik, die politisch zu Chile, aber geografisch zu Polynesien gehört
Beste Reisezeit: Oktober bis Dezember, wenige Regentage und Temperaturen um die 23 Grad
www.chileinfo.de

Sie scheint die einsamste Insel der Welt zu sein. Artenarm, weil sie nie an einer Kontinentalplatte hing und sich auch kaum Pflanzen und Tiere dorthin verirrten. Ein Pirat war im 17. Jahrhundert wahrscheinlich der erste, der sie zufällig entdeckte. Doch er ging nicht an Land. Das tat am 5. April 1722 der Niederländer Jakob Roggeveen. Und weil gerade Ostern war, nannte er das Eiland Osterinsel. Zwei Jahre später kam James Cook, der die Insel recht langweilig fand.
Wer ihre ersten Siedler waren, darüber gibt es widersprüchliche Theorien. König Hotu Matua soll einst mit seinem Stamm der Langohren dort gelebt haben, wenig später kamen die Kurzohren mit ihrem Anführer. Schufen Erstere die mystischen Steinskulpturen, brachten Letztere den Vogelmann-Kult mit. Eines Nachts überfielen die Kurzohren die Langohren und töteten alle bis auf einen Mann, der eine neue Dynastie gründete. Angeblich leben seine Nachkommen noch immer auf der Insel. Die Vorstellung von Geistern und Göttern bestimmt auch heute den Alltag der Bewohner, den Schöpfer der Welt nennen sie »Make Make«. Sein Abbild ist an verschiedenen Stellen der Insel in den Fels gehauen.

Hunderte Steinfiguren haben die Osterinsel berühmt gemacht: die Moais. Gesichter und Körper sind in den Tuffstein gehauen, Mythen ranken sich um diese Statuen, die auf Plattformen, den »Ahus« stehen, hier am Rano Raraku.

FEUERLAND

Lage: durch die Magellanstraße vom Festland getrennt, zum Teil zu Chile, zum Teil zu Argentinien gehörend
Beste Reisezeit: November bis Mai, immer kühl gemäßigtes Klima

Feuerland ist eine Inselgruppe an der Südspitze Südamerikas. Mehr als die Hälfte der gesamten Landfläche nimmt die Hauptinsel »Isla Grande de Tierra del Fuego« ein. Ihr östlicher Teil gehört zu Argentinien, ihr westlicher zu Chile. Auf ihr leben rund 140 000 Menschen. Die ersten waren schätzungsweise um 10 000 v. Chr. hier: die Paläoindianer. Diese Jägergruppen kamen wohl vom südamerikanischen Festland nach Feuerland. Wie sie das schafften? Wahrscheinlich zu Fuß, denn es gab Landbrücken, bevor die Magellan-Straße endgültig nach der Eiszeit geflutet wurde. Als Ferdinand Magellan im Jahr 1520 die nach ihm benannte Wasserstraße durchsegelte, entdeckte er die vielen Lagerfeuer der Einwohner am Küstenstreifen und gab dem Landstück seinen Namen. Ob er selbst je einen Fuß auf die Insel setzte, ist nicht überliefert. Auch Charles Darwin kam hierher, der sich über die Ureinwohner wunderte. Er beschrieb sie als nackte Wilde mit langen Haaren, das Gesicht mit Erde beschmiert und ihre Laute seien unverständlicher gewesen als die von domestizierten Haustieren. Die Feuerländer waren Jäger und Sammler, die vom Fisch-

fang sowie von der Jagd auf Robben, Pinguine, Wale und Wasservögel lebten. Außerdem sammelten sie Muscheln, Krabben und Schnecken. Um 1900 lebten noch etwa 8000 Ureinwohner indianischer Abstammung auf der Insel, mittlerweile ist ihre Zahl auf rund 50 Personen geschrumpft. Der Stamm der Ona gilt seit den 1980er-Jahren sogar als ausgestorben. Ab 1840 versuchten die Spanier, das Land zu besiedeln. Zuvor ging es immer nur um strategische Maßnahmen zur Sicherung der Magellanstraße. Vor allem, weil es nicht so einfach war, vor Feuerland zu ankern. Es gab keine natürlichen Häfen, die eine Landnahme ermöglicht hätten, und so war das Eiland unter Seefahrern verrufen. Unzählige Schiffe zerschellten im Sturm an den Klippen. 1869 kamen Goldsucher und nach ihnen Schafzüchter, die sich die karge, unwirtliche Landschaft zunutze machten.

Hier stürmt es oft und heftig und an den Küstenregionen wächst kaum ein Baum, nur niedere Gewächse können dem Wind trotzen und klammern sich ans Gestein. Magellan-Tundra heißt diese Vegetationsform. Die kalten Stürme fegen auch dunkle Wolken über Feuerland und so richtig warm wird es auf dem Eiland nie. Von November bis Februar erreicht das Thermometer seine Höchstwerte – und die liegen gerade einmal bei 14 bis 15 Grad Celsius.

FALKLAND-INSELN

Lage: knapp 400 Kilometer östlich von Argentinien und Feuerland im Atlantik
Beste Reisezeit: November bis März, dann erreichen die Temperaturen acht bis neun Grad
www.falklandislands.com

Der Archipel besteht aus zwei Hauptinseln, West- und Ostfalkland, sowie ca. 200 weiteren kleinen Eilanden und nur fünf von ihnen sind größer als zehn Quadratkilometer. Es gibt lediglich eine richtige Stadt: Stanley. Fast alle Einwohner leben dort, etwa 2000 an der Zahl. Doch seit einigen Jahren ist es zumindest in der Hochsaison tagsüber recht belebt, denn Tagestouristen kommen mit Kreuzfahrtschiffen. Auch einige kleine Pensionen und Motels stehen für einen längeren Aufenthalt parat. Besucher zieht es vor allem wegen der eindrucksvollen Landschaft auf die Inseln, die mit einer einzigartigen Flora und Fauna aufwarten können. Ornithologen sollten stets die Kamera bereithalten, denn es gibt mehr als 60 heimische Vogelarten. Endemische Säugetiere leben dort keine mehr, nachdem der Falklandfuchs im 19. Jahrhundert ausgerottet wurde. Pinguinkolonien und Albatrosse sind beliebte Fotomotive, wenn sie an den Küsten umherwatscheln. Auf großen Steinen dösen Robben, Seebären und Seeelefanten in der Sonne, und immer wieder grasen Schafe. Das ist eine Idylle wie aus dem Bilderbuch. Dabei ist die Politik alles andere als idyllisch: 1833 errichtete Großbritannien einen Flottenstützpunkt, 1982 löste die argentinische Besatzung des britischen Gebiets den Falklandkrieg aus.

Albatrosse finden hier ideale Bedingungen, um ungestört Nester zu bauen und den Nachwuchs zu versorgen und beschützen.

SÜDGEORGIEN UND SÜDLICHE SANDWICH-INSELN

Lage: elf Inseln im Südatlantik südöstlich von Südgeorgien, 3680 Kilometer vom Südpol entfernt
Beste Reisezeit: Dezember–März

Sie gehören zum Britischen Königreich und werden, ebenso wie die Falkland-Inseln, auch von Argentinien beansprucht. Was wie ein toller Snack klingt, ist ein Inselbogen an zwei Platten: der Südamerikanischen und der Antarktischen Platte. James Cook hatte die südlichen Inseln 1775 während seiner Reise um Südgeorgien entdeckt, 1819 stieß der russische Seefahrer Fabian Gottlieb von Bellingshausen, der aus einer deutsch-baltischen Adelsfamilie stammte, auf die nördlichen Eilande dieses Archipels. Ihren Namen hat die Inselkette übrigens vom englischen Marineadmiral John Montagu, dem vierten Grafen von Sandwich. Der Zusatz »Südliche« war wichtig, weil James Cook auch das heutige Hawaii Sandwich-Inseln genannt hatte.
Die Gruppe liegt knapp 800 Kilometer von der Hauptinsel Südgeorgien entfernt, das gesamte Landgebiet erstreckt sich über rund 3903 Quadratkilometer. Die Inseln sind gebirgig, ihre Landschaft ist schroff, zerklüftet und von Eis bedeckt. Mehr als 150 Gletscher bestimmen das Bild Südgeorgiens, die Südlichen Sandwich-Inseln sind vulkanisch geprägt und einige Berge spucken noch immer ihre glühende Lava auf die Erde. Kein Wunder, dass sie unbewohnt sind. Außer Forschungsstationen gibt es keine Besiedlung.

Eisberge, besonders Tafeleisberge, die aus Schelfeis entstehen, sind typisch für das Südpolarmeer. Für die Pinguine sind sie der Startplatz für ihre Touren zur Futtersuche, gelegentlich aber auch eine Barriere für das Nahrungssuche.

Impressum

Abkürzungen:
A = Alamy
C = Corbis
G = Getty Images
L = Laif
M = Mauritius

S. 2/3 C/Keren Su, S. 4/5 Look/Sabine Lubenow, S. 6/7 C/Darrell Gulin, S. 8/9 G/Hans Strand, S. 10/11 G/Johnathan A. Esper, S. 12/13 G/Hans Strand, S. 13 G/Ben Cranke, S. 13 G/Ben Cranke, S. 13 C/Hans Strand, S. 14/15 G/Andy Farrer, S. 16 C/Peter Adams, S. 17 A/Johner Images, S. 18/19 C/Keren Su, S. 18/19 G/Christophe Boisvieux, S. 20/21 G/Panoramic Images, S. 22/23 A/Meelis Kalev, S. 22/23 A/Meelis Kalev, S. 24/25 G/Tyler Stableford, S. 26/27 A/Alessio Mesiano, S. 27 G/Anjci, S. 27 G/Life On White, S. 27 C/Zack Seckler, S. 28/29 G/Steve Allen, S. 30/31 M/Mario Tumm, S. 32/33 C/Patrick Dieudonne, S. 34/35 Look/Bernard van Dierendonck, S. 35 G/Alan Majchrowicz, S. 35 Look/age, S. 35 C/Ashley Cooper, S. 36 C/Jim Richardson, S. 36 C/Jim Richardson, S. 36 G/Alan Crawford, S. 36/37 C/Jim Richardson, S. 38/39 G/Patrick Dieudonne, S. 38/39 C/Jim Richardson, S. 40/41 C/Jim Richardson, S. 41 C/Julian Calverley, S. 41 C/Lee Frost, S. 41 G/Derek Croucher, S. 42 M/Jochen Tack, S. 43 A/John Barratt, S. 43 C/Guy Edwardes, S. 44/45 M/Martin Siepmann, S. 46 M/Rob de Wind, S. 47 C/Grand Tour Collection, S. 47 A/frans lemmens, S. 48/49 C/Jean Guichard, S. 50 A/Sophotographie, S. 50 A/Tristan Deschamps , S. 51 G/Sylvain Sonnet, S. 52/53 G/David Madison, S. 54 G/Frank Seifert, S. 54 G/Manfred Mehlig, S. 54 L/Tobias Gerber, S. 54/55 C/SIME, S. 56/57 C/Grand Tour Collection, S. 56/57 G/Michele Falzone, S. 58/59 C/Atlantide Phototravel, S. 60/61 A/Images Etc Ltd, S. 62 A/Islandstock, S. 63 A/David Robertson, S. 64 G/Antonio Bellón, S. 64 A/Andrew Bargery, S. 64 G/Martin Siepmann, S. 64/65 C/Neil Emmerson, S. 66/67 M/Michael Weber, S. 66/67 G/Bruno Morandi, S. 68/69 A/Michael Howard, S. 70/71 C/Mauricio Abreu, S. 70/71 C/Mauricio Abreu, S. 72/73 A/INSADCO Photography, S. 74 M/Sabine Lubenow, S. 74 L/Hahn, S. 75 M/Sabine Lubenow, S. 75 C/Ocean, S. 76/77 H. & D. Zielske, S. 76/77 H. & D. Zielske, S. 78/79 C/Dennis Marsico, S. 80/81 M/Markus Lange, S. 81 G/Livio Sinibaldi, S. 81 C/Grand Tour Collection, S. 81 C/Atlantide Phototravel, S. 82 Look/age, S. 83 C/Grand Tour Collection, S. 82/83 Look/Jan Greune, S. 84/85 Look/Sabine Lubenow, S. 85 Look/Thomas Stankiewicz, S. 85 Look/Thomas Stankiewicz, S. 85 Look/Thomas Stankiewicz, S. 86 A/CuboImages srl, S. 86 C/Jay Dickman, S. 87 C/Atlantide Phototravel, S. 87 C/Grand Tour Collection, S. 88 Look/TerraVista, S. 88 G/Art Wolfe, S. 88 G/Slow Images, S. 88/89 C/Grand Tour Collection, S. 90 C/Jean-Pierre Lescourret, S. 91 C/Jean-Pierre Lescourret, S. 92 G/Heiko Mandl, S. 93 M/Popp Hackner, S. 94/95 G/Jeremy Woodhouse, S. 94/95 G/Peter Adams, S. 96/97 G/Simeone Huber, S. 96/97 C/Atlantide Phototravel, S. 98 Look/age, S. 99 A/Jon Arnold Images, S. 100/101 M/Pixtal, S. 102 A/Jon Arnold Images Ltd, S. 103 Look/The Travel Library, S. 104 G/Mitrakoulis Alexandros, S. 104 A/Ian Dagnall, S. 104 Look/Ingolf Pompe, S. 104/105 G/Bruno Morandi, S. 106/107 C/Grand Tour Collection, S. 108 L/Patrick Frilet, S. 109 C/Ron Watts, S. 110/111 Look/The Travel Library, S. 112/113 M/Olaf Krüger, S. 114/115 M/Steve Bloom, S. 116/117 G/Peter Adams, S. 118/119 G/Richard H Johnston, S. 120/121 G/Best View Stock, S. 120/121 G/Peter Kindersley, S. 122/123 C/Steven Vidler, S. 124/125 G/Min Geolshik, S. 126/127 G/Datacraft Co Ltd, S. 128/129 G/MIXA, S. 130/131 G/Ippei Naoi, S. 130/131 M/Diversion/MA Photo, S. 132 G/Nicolas Reynard, S. 133 G/Andrew Castellano, S. 134/135 G/Otto Stadler, S. 136/137 M/Otto Stadler, S. 136/137 G/Panoramic Images, S. 138/139 G/Glen Allison, S. 140 A/Steve Vidler, S. 141 A/Roger Cracknell, S. 142/143 G/Andrea Pistolesi, S. 144/145 A/Olga Khoroshunova, S. 144/145 C/Tim Hall, S. 146/147 Look/age, S. 146/147 Look/age, S. 148 G/Andrew Gunners, S. 149 G/Spintheday, S. 148/149 A/Crystite RF, S. 150/151 G/Gerry Ellis, S. 151 G/Martin Cohen, S. 151 G/C.S.Ling, S. 151 G/Louise Heusinkveld, S. 152/153 C/Jon Hicks, S. 154 G/Anup Shah, S. 154 A/Juniors Bildarchiv, S. 154 C/Anup Shah, S. 154/155 G/Tim Laman, S. 156/157 M/Alamy, S. 158/159 C/Robert Sablan, S. 160/161 G/Creativity is borderless, S. 162/163 G/Cyril Ruoso, S. 164/165 C/Fadil, S. 166/167 C/Rob Howard, S. 168/168 G/LawrenLu, S. 170 G/JCDalman, S. 171 G/Bruno Morandi, S. 172/173 G/Klaus Nigge, S. 174 A/Robert Harding World Imagery, S. 175 C/Albrecht G. Schaefer, S. 174/175 G/A Touch Of Rodelicious, S. 176/177 C/Werner Lang, S. 178 C/Barry Lewis, S. 179 M/Günter Flegar, S. 180/181 G/Reinhard Dirscherl, S. 181 A/imagebroker, S. 181 A/imagebroker, S. 182/183 A/WaterFrame, S. 182/183 A/MARKA, S. 184/185 A/Dirk Renckhoff, S. 184/185 C/Hans-Peter Merten, S. 186/187 C/Nicolas Thibaut, S. 188/189 C/Barry Lewis, S. 189 M/Rene Mattes, S. 189 A/AM Corporation, S. 189 C/Barry Lewis, S. 190 G/National Geographic, S. 190 G/Tim Laman, S. 190 G/Tim Laman, S. 190/191 G/Tim Laman, S. 192/193 A/Rachel Torres, S. 194 G/Kent Kobersteen, S. 195 C/Yellow-nosed Albatross, S. 196/197 C/Guido Cozzi, S. 198/199 G/Guenter Guni, S. 200/201 C/Michael Runkel, S. 202/203 Look/age, S. 203 G/Jean-Pierre Degas, S. 203 G/Jean-Pierre Degas, S. 203 C/Michael Freeman, S. 204/205 G/Thomas M, S. 206/207 A/Ralph Paprzycki, S. 208/209 C/Guido Cozzi, S. 208/209 G/Siegfried Layda, S. 210/211 G/fotoVoyager, S. 212/213 A/Charly lataste, S. 214/215 G/Jean-Pierre Pieuchot, S. 216/217 A/Reinhard Dirscherl, S. 218/219 Look/Don Fuchs, S. 218/219 C/Stephen Belcher, S. 220/221 M/Michael Weber, S. 222/223 Look/Karl Johaentges, S. 223 Look/Axiom, S. 223 Look/Guenter Bayerl, S. 223 Look/age, S. 224/225 G/Julie Fletcher, S. 226 Look/Guenter Bayerl, S. 226 Look/Heinz Wohner, S. 226 Look/Guenter Bayerl, S. 226/227 G/Panoramic Images, S. 228 A/Outdoor-Archiv, S. 228 G/Colin Monteath, S. 228 C/Theo Allofs, S. 228/229 G/Colin Monteath, S. 230/231 G/Julie Fletcher, S. 232 A/Tsuneo Nakamura, S. 233 C/Tui De Roy, S. 234/235 C/Keren Su, S. 236/237 Look/Ulla Lohmann, S. 237 Look/Ulla Lohmann, S. 237 Look/Ulla Lohmann, S. 237 Look/Ulla Lohmann, S. 238 C/Hal Beral, S. 238 C/Norbert Wu, S. 238 C/Norbert Wu, S. 238/239 G/Norbert Wu, S. 240/241 C/Walter Bibikow, S. 241 C/Walter Bibikow, S. 242/243 A/Jon Arnold Images, S. 244 Look/Holger Leue, S. 244 C/Douglas Peebles, S. 245 Look/The Travel Library, S. 246 G/Crested Iguana, S. 247 C/Michele Westmorland, S. 247 C/Ed Robinson, S. 248/249 G/Amy Toensing, S. 248/249 C/George Steinmetz, S. 250/251 C/Steve Allen, S. 252/253 C/Douglas Peebles, S. 254/255 Look/age, S. 256/257 A/Maximilian Weinzierl, S. 258/259 Look/The Travel Library, S. 260/261 C/Ocean, S. 262/263 C/Henry Georgi, S. 263 C/Thomas Kitchin & Victoria Hurst, S. 263 C/Barrett & MacKay, S. 264/265 C/Josh McCulloch, S. 265 C/Thomas Kitchin & Victoria Hurst, S. 265 Look/Jan Greune, S. 266/267 G/Jeffrey A. Cable, S. 268/269 C/Sean Davey, S. 269 C/Mark A. Johnson, S. 269 C/Douglas Peebles, S. 270 C/Ocean, S. 270 G/Panoramic Images, S. 270/271 G/Art Wolfe, S. 272 G/Art Wolfe, S. 272/273 G/Klaus Nigge, S. 274/275 C/Walter Bibikow, S. 274/275 C/Chris Hackett, S. 276/277 G/Mike Theiss, S. 278 C/Stephen Frink, S. 278 C/Gavin Hellier, S. 278 C/Ralph A. Clevenger, S. 279 C/Stuart Westmorland, S. 280 C/Onne van der Wal, S. 281 G/Michael Lawrence, S. 281 G/Greg Johnston, S. 282/283 M/age, S. 283 G/Logan Mock-Bunting, S. 284/285 A/Ian Dagnall, S. 286 Look/Reinhard Dirscherl, S. 286 A/Jan A. Csernoch, S. 286/287 Look/age, S. 288 C/Massimo Borchi, S. 288 A/Diego M.Rossi, S. 289 G/Monica and Michael Sweet, S. 290 C/Gavin Hellier, S. 290 Look/age, S. 290/291 A/Dennis MacDonald, S. 292/293 C/Jim Zuckerman, S. 292/293 C/Bryan Allen, S. 293 C/Galen Rowell, S. 294 C/George H.H. Huey, S. 294 G/Michael Melford, S. 295 M/Walter Bibikow, S. 296/297 A/Banana Pancake, S. 298/299 G/Michele Westmorland, S. 299 C/Dave G. Houser, S. 298/299 G/Justin Lewis, S. 299 G/Danita Delimont, S. 300/301 C/Stefano Amantini, S. 301 C/Blaine Harrington III, S. 301 G/Sean Drakes, S. 301 C/Jorge Silva, S. 302/303 A/Rubens Abboud, S. 303 G/Reinhard Dirscherl, S. 303 A/Michael Stubblefield, S. 304/305 C/Joel Sartore, S. 306 G/Jim Ballard, S. 306 G/Rosemary Calvert, S. 306 G/Tui De Roy, S. 306/307 G/David Fleetham, S. 308/309 Look/age, S. 310/311 G/Roberto Peradotto, S. 312/313 G/Michael Dunning, S. 314/315 G/Macduff Everton, S. 316/317 C/Kevin Schafer, S. 318/319 C/Maria Stenzel.

Genehmigte Sonderausgabe für Weltbild GmbH & Co. KG,
Werner-von-Siemens-Str. 1, 86159 Augsburg
Copyright © 2018 by Kunth Verlag GmbH & Co. KG, München

Umschlaggestaltung: Büro 18, Friedberg (Bay.)
Umschlagmotive: Vorderseite: mauritius images/Pacific Stock/MakenaStockMedia; Rückseite: Design Pics/Lookphotos

Texte: Daniela Kebel, Silke Haas

Alle Rechte vorbehalten. Reproduktionen, Speicherung in Datenverarbeitungsanlagen, Wiedergabe auf elektronischen, fotomechanischen oder ähnlichen Wegen nur mit der ausdrücklichen Genehmigung des Copyrightinhabers.

Printed in Slovakia

ISBN 978-3-8289-5876-0

Besuchen Sie uns im Internet:
www.weltbild.de